Gordon MacDonald
ORDNE DEIN LEBEN

Gordon MacDonald

Ordne dein Leben

Perspektiven für den Umgang mit dem Leben und der Zeit

Projektion J Verlag
Bundes-Verlag

Titel der Originalausgabe:
Ordering Your Private World

Published by Oliver Nelson, a division of Thomas Nelson Inc.
Nashville, Tennessee, USA

»Ordne dein Leben« erscheint in Koproduktion von
Projektion J und Bundes-Verlag.

Projektion J: ISBN 3-89490-260-4
Bundes-Verlag: ISBN 3-933660-02-5

Übersetzung: Nicole Gerster
Umschlaggestaltung: Michael Wenserit
Umschlagfoto: Premium
Satz: Projektion J Verlag
Druck und Verarbeitung: Schönbach Druck

5 99

Der Grace Chapel Family in Lexington, Massachusetts, meinen Brüdern und Schwestern, meinen Mitarbeitern und meinen Freunden gewidmet. Vieles, worüber ich in diesem Buch schreibe, habe ich von euch gelernt.

Erstveröffentlichung 1984 durch die Moody Press. Neuauflage durch Oliver Nelson, eine Abteilung der Thomas Nelson Inc., Nashville, Tennessee, USA. Diese Ausgabe 1985 wurde mit Genehmigung von Oliver Nelson neu gedruckt.

Sämtliche Bibelzitate, außer den besonders gekennzeichneten, wurden der revidierten Lutherbibel 1984 entnommen.

INHALT

VORWORT VON CHARLES SIBTHORPE

In unserer hektischen Zeit sind Fragen nach einer vernünftigen Zeitplanung und einem geordneten Leben brandaktuell. Das vorliegende Buch von Gordon McDonald bietet weit mehr als nur eine christliche Perspektive für den richtigen Umgang mit der Zeit: Es fordert alle Christen dazu heraus, sich mit der verborgenen, privaten Welt des eigenen Innenlebens auseinanderzusetzen, und es zeigt zugleich einen Weg, wie eine tiefe Beziehung zu Gott Ordnung in alle Lebensbereiche bringen kann.

Gordon McDonald bringt den Leser dazu, seine Herzensbeziehung zu Gott zu überprüfen, über die eigene Berufung nachzudenken, auf Gott zu hören, regelmäßig Zeiten des Nachdenkens und der Ruhe mit Gott zu verbringen, beständiger zu werden sowie destruktive Gefühle zu erkennen und ihnen wirkungsvoll zu begegnen. Bestechend an dem Buch ist, daß Gordon McDonald sein Augenmerk nicht nur oberflächlich auf mehr Effizienz richtet, sondern seine Sicht auch die Mängel und Schwächen des Ringens um ein geordnetes Innenleben mit einbezieht. Dabei zeigt er, daß sich sorgfältiges Planen und spontanes Handeln nicht widersprechen.

Lesen Sie dieses Buch nicht hastig, sondern sorgfältig und betend. Lassen Sie es zu, daß Gott Sie hier in der Tiefe verändert und somit Ihr Leben bereichern und in geistlicher Hinsicht fruchtbarer machen kann. Das Buch ist eines der wichtigsten, das ich in den letzten Jahren gelesen habe, und ich betrachte es als ein Vorrecht, das Vorwort dafür schreiben und es Ihnen empfehlen zu dürfen.

Charles Sibthorpe

VORWORT: VORBEMERKUNG FÜR DESORGANISIERTE

»Ich bin ja innerlich so zerrüttet!«

»Ich kann mein Zeug nicht zusammenhalten!«

»Mein Seelenleben ist ein Durcheinander!«

»Mein Privatleben ist eine Pleite!«

Solche und ähnliche Ausrufe habe ich schon hundertmal gehört, bei Frühstücksgesprächen, in meinem Arbeitszimmer, wo ich den Menschen als Pfarrer begegne, im Wohnzimmer meines Hauses.

Diese Aussagen kommen nicht immer von Leuten, deren äußeres Leben zerrüttet ist oder kurz vor einer Katastrophe steht. Sie stammen auch von Männern und Frauen, die einen äußerst produktiven und erfolgreichen Eindruck machen. Als ich zum ersten Mal derartige Selbstenthüllungen hörte, war ich schockiert. Jetzt, viele Jahre später, weiß ich, daß tatsächlich nahezu alle Menschen damit zu kämpfen haben, ihre Verborgene Welt zu ordnen.

In der westlichen Kultur produzieren wir eine enorme Zahl von Büchern, die uns helfen sollen, unsere Arbeit, unsere Kalender, unsere Arbeitszeitpläne, unsere Studien und unsere Karriere zu organisieren. Aber ich habe wenig gesehen, was direkt die Organisation unseres inneren oder geistigen Lebens anspricht. Und gerade dort haben wir Ordnung am dringendsten nötig.

Mir bekannte erfolgreiche Menschen, denen Desorganisation ein Problem geworden ist, meinen damit im allgemeinen die Privatbereiche ihres Lebens. Die öffentlichen Lebensbereiche sind meist recht gut geordnet. In unserem Innenleben kennen nur wir uns aus: hier wird unsere Selbstachtung geschmiedet, hier werden Grundsatzentscheidungen über Motive, Werte und Bindungen gefällt, hier sprechen wir mit unserem Gott. Diesen Bereich nenne ich die *Verborgene Welt*, wobei ich gern darauf verweise, daß ihr Idealzustand erst in der *Ordnung* erreicht ist.

Das Problem der Unordnung im Privatbereich kenne ich gut, denn wie viele andere habe auch ich mein ganzes Leben lang damit gekämpft, und eine meiner größten Schlachten war es, Ordnung in diese Verborgene Welt zu bringen.

Da ich mit der christlichen Botschaft aufgewachsen bin, war mir Jesus Christus niemals fremd. Das bedeutet allerdings nicht, daß ich seine Herrschaft immer verstanden habe. Obwohl ich ihm gewöhnlich gefolgt bin, tat ich es zu oft nur mit Distanz.

Mir fiel es sehr schwer, ihn zu verstehen, wenn er von »in mir bleiben« und ich »in ihm bleiben« sprach, denn ich bin einer der vielen, die sich mit Verbindlichkeiten schwertun. Es war für mich nicht einfach, den Prozeß und die Absichten wahrzunehmen, durch die Christus in meinem Privatbereich »bleiben« möchte (Joh. 15,4). Offen gesagt war ich häufig frustriert, wenn ich Leuten begegnete, die dieses »Bleiben« als eine völlig verständliche Sache empfanden, und bei denen es scheinbar funktionierte.

Langsam entdeckte ich, daß der Versuch, Organisation in mein Seelenleben zu bringen, in welchem Christus leben möchte, ein lebenslanger, aber auch täglicher Prozeß ist. Diese Entdeckung war manchmal recht schmerzlich. Etwas in uns — die Bibel nennt es Sünde — widersetzt sich seiner Herrschaft und der daraus folgenden Ordnung. Sünde zieht eine Unordnung vor, in der falsche Motivationen und Werte versteckt und in unkontrollierten Momenten an die Oberfläche geholt werden.

Mit dieser Unordnung muß man sich tagtäglich befassen. Während meiner Kindheit lebte ich in einem Haus, in dem wir keine Teppiche in den Schlafzimmern hatten. Ich war oft von den Staubflocken fasziniert, die sich unter meinem Bett anhäuften. Es war mir ein Rätsel, woher sie wohl kamen. Es schien mir, als ob irgendein merkwürdiger Geist diese Staubflocken auf dem Fußboden verstreute, während ich nachts schlief. Heute finde ich täglich Staubflocken in meiner Verborgenen Welt. Wie sie da hineinkommen, weiß ich nicht so genau. Aber ich muß mit ihnen in täglicher Disziplin umgehen, um so Ordnung in mein Innenleben zu bringen.

Laß mich eines klarstellen: Das ganze Thema, Ordnung in meine Verborgene Welt zu bringen, baue ich auf dem Prinzip des in mir wohnenden Christus auf, der unerklärlich, aber definitiv in unser Leben eintritt, wenn wir ihn persönlich dazu einladen und uns ihm hingeben. Ohne den zentralen Punkt der persönlichen Entscheidung, ihm zu folgen, wird das meiste in diesem Buch bedeutungslos sein. *Ordnung in dein persönliches Leben zu bringen heißt, seiner Kontrolle über jeden Bereich deines Lebens zuzustimmen.*

Für mich war die Suche nach innerer Organisation ein einsamer Kampf, denn, offen gesagt, traf ich beinahe überall auf Abneigung, diese Fragen ehrlich und praktisch zu beantworten. Oft wird so über dieses Thema gepredigt, daß der Zuhörer zwar emotionell bewegt wird, aber unfähig ist, konkret etwas zu ändern. Mehr als einmal habe ich ein Buch gelesen oder einen Vortrag darüber gehört, wie man das geistliche Leben in Ordnung bringen könne, stimmte jedem Wort zu, bemerkte dann aber, daß der vorgeschlagene Weg ausweichend und unklar war. Für Leute wie mich, die klare, nachvollziehbare Wege suchen, um auf Jesu Angebot, in uns zu leben, einzugehen, ist es ein ewiger Kampf geblieben.

Obwohl es meist ein einsamer Kampf war, fand ich Hilfe in der Heiligen Schrift und in Vorträgen, die ich innerhalb der christlichen Tradition hörte. Ermutigung bekam ich von meiner Frau Gail (deren Verborgene Welt bemerkenswert wohlgeordnet ist), von einer Reihe Ratgebern, die mich seit meinen Anfangsjahren begleitet haben, und von einer großen Anzahl Männer und Frauen, die ich in diesem Leben nicht mehr sehen werde, da sie bereits tot sind. Aber ich bin ihnen in ihren Biographien begegnet und habe zu meiner Freude festgestellt, daß viele von ihnen ebenfalls mit der Herausforderung, ihre Verborgene Welt in Ordnung zu bringen, gerungen hatten.

Als ich damit begann, mich öffentlich über die Ordnung meiner Verborgenen Welt zu äußern, war ich beeindruckt, wie viele Menschen sofort reagierten: Pfarrer, Laien, Männer und Frauen in verschiedenen Leitungspositionen. »Damit habe ich auch zu kämpfen«, sagten sie. »Geben Sie mir so viele Tips wie nur möglich!«

Das Seelenleben, die Verborgene Welt, kann in fünf Sektoren eingeteilt werden. Der erste Sektor befaßt sich damit, was uns so funktionieren läßt, wie wir es tun — mit unserer Motivation. Sind wir *getriebene* Menschen, hin- und hergeworfen durch die Stürme unserer Zeit, dazu gezwungen, sich anzupassen oder sich zu behaupten? Oder sind wir *berufene* Menschen, Empfänger des barmherzigen Wirkens Christi, wenn er verspricht, aus uns etwas zu machen?

Ein weiterer Teil unserer Verborgenen Welt dreht sich darum, was wir mit der begrenzten Zeit anfangen, die wir in diesem Leben zur Verfügung haben. Wie wir unsere Zeit für unser persönliches Wachstum und den Dienst an anderen einteilen, ist ein Schlüssel zu unserer Gesundheit als Person. Der dritte Bereich ist intellektuell: Was tun wir mit unserem Verstand, diesem beachtlichen Teil von uns, dem es möglich ist, die Wahrheit über die Schöpfung zu empfangen und zu verarbeiten?

Der vierte Bereich unserer Verborgenen Welt ist, denke ich, der des Geistes. Ich bemühe mich nicht darum, in meiner Ausdrucksweise besonders theologisch zu sein, wenn ich annehme, daß es einen speziellen, intimen Bereich gibt, in dem wir mit dem Vater Gemeinschaft haben, und zwar auf eine Art, die niemand anderes einschätzen oder verstehen kann. Diesen Bereich des Geistes nenne ich den Garten meiner Verborgenen Welt.

Schließlich gibt es in uns noch einen Bereich, der uns zur Ruhe bringt, zu einem »Sabbat-Frieden«. Dieser Friede unterscheidet sich von dem

Vergnügen, das wir so oft in der sichtbaren Welt um uns herum finden. Er ist so bedeutungsvoll, daß ich glaube, er sollte als eine absolut notwendige Quelle innerer Organisation anerkannt werden.

Eine der vielen Biographien, die ich studiert habe, befaßt sich mit Charles Cowman, dem missionarischen Pionier in Japan und Korea. Sein Leben war ein bedeutendes Zeugnis der Hingabe und ihrer persönlichen Kosten. Als er älter wurde, ging es mit seiner Gesundheit bergab, und er mußte sich frühzeitig pensionieren lassen. Daß er aufhören mußte, aktiv zu predigen und die Arbeit seiner Missionsgemeinschaft nicht mehr leiten konnte, bedrückte ihn sehr. Einer seiner Freunde sagte folgendes über ihn:

> »Nichts beeindruckte mich mehr als Bruder Cowmans stilles Wesen. Niemals traf ich ihn schlecht gelaunt an, obwohl ich ihn manchmal innerlich verwundet sah und ihm leise die Tränen über die Wangen rannen. Er hatte ein sensibles, zartes Wesen, aber sein geheimes Kreuz wurde zu seiner Krone.«[1]

Cowmans Verborgene Welt war in Ordnung. Sein Leben war nicht nur im öffentlichen Bereich organisiert, sondern auch im verborgenen.

Darum geht es also in diesem Buch. Ich bemühe mich darum, so praktisch wie möglich zu sein. Ich werde viel über meine eigenen, persönlichen Erfahrungen sprechen. Zwar halte ich mich nicht für ein hervorragendes Beispiel innerer Ordnung; aber ich betrachte mich als einen Mitkämpfer all derer, für die dieses Buch wichtig ist.

Wo immer es möglich war, habe ich in der Bibel nach Gleichnissen und unterstützenden Einblicken gesucht. Aber ich muß hinzufügen, daß ich das theologische Argument nicht überbewertet habe. Ich bin beim Verfassen dieses Buches von der Voraussetzung ausgegangen, daß derjenige, der versucht, seine Verborgene Welt in Ordnung zu halten, schon den Weg gewählt hat, im Gehorsam vor Gott zu leben. Auch habe ich bei meinen Lesern ein Grund- und Einverständnis, als Christ zu leben, vorausgesetzt.

Wenn du, lieber Leser, mit meiner Behandlung dieses Themas übereinstimmst, kommst du vielleicht wie ich zu dem Schluß, daß vieles von der Art, wie wir heute lehren und predigen, weit von der geistlichen Realität abweicht. Denn ich glaube, daß einige der auf den folgenden Seiten vorgebrachten Probleme die Lebensbereiche betreffen, in denen es wirklich am Brodeln ist. Offen gestanden finde ich, daß wir nicht genug über diese Dinge zu hören bekommen, und es würde mich freuen, wenn etliche dieser Gedanken, die aus meinem Herzen kommen und von anderen Autoren schon vorgedacht sind, der Anfang eines Dialogs für einige neugierige Menschen sein könnte.

Nur wenige Autoren schreiben ihre Bücher ganz allein. Ich bestimmt nicht. Als ich meine Gedanken zusammenstellte, genoß ich nicht nur die

Hilfestellung vieler Autoren, die mein Denken anregten, sondern auch den nahen und umsichtigen Beistand meiner Frau Gail, Gottes spezielles Geschenk für mich, die Version um Version dieser Kapitel durchlas, unzählige Randbemerkungen machte und mich dazu anhielt, eine höhere Ebene an Realität und praktischer Verwendbarkeit anzustreben.

Allen, die glauben, es gäbe eine organisierte Art zu leben, sei gesagt: Begleitet mich auf diesem Abenteuer des Nachdenkens. Am Ende mag sich einfach eine Möglichkeit für eine tiefere Erfahrung mit Gott herauskristallisieren und ein Verständnis für unsere Aufgabe, ihm zu dienen.

Anmerkung für Desorganisierte

Wenn meine Verborgene Welt in Ordnung ist,
dann deshalb,
weil ich davon überzeugt bin, daß die äußere Welt der Aktivität
von der inneren geistlichen Welt regiert werden muß.

Kapitel 1

Das Aushöhlungs-Syndrom

Als die Bewohner eines Appartementhauses in Florida kürzlich erwachten, waren sie einem erschreckenden Anblick vor ihren Fenstern ausgesetzt. Der Boden unter der Straße vor ihrem Gebäude war buchstäblich eingebrochen und hatte einen riesigen Krater hinterlassen. In diesen sich ständig erweiternden Abgrund stürzten Autos, Straßenpflaster, Bürgersteige, Gartenmobiliar. Und offensichtlich war das Gebäude selbst als nächstes an der Reihe.

Nach wissenschaftlicher Erkenntnis entsteht eine derartige Aushöhlung, wenn unterirdische Strömungen während Dürrezeiten versiegen und so der Oberfläche des Bodens seinen darunterliegenden Halt entziehen. Plötzlich wird alles zum Einsturz gebracht, und man bekommt eine erschreckende Ahnung davon, daß man auf nichts bauen kann — nicht einmal auf den Boden, auf dem man steht.

Es gibt eine beachtliche Anzahl von Menschen, deren Leben wie eine solche Aushöhlung in Florida aussieht. Vermutlich haben viele von uns hin und wieder bemerkt, wie sie sich auf dem wegsackenden Rand eines Kraters befanden. Mit einer lähmenden Müdigkeit, dem Geschmack offensichtlichen Versagens oder der bitteren Erfahrung, Ziele oder Absichten nicht realisieren zu können, merkten wir vielleicht, wie etwas in uns am Nachgeben war. So als ob wir kurz vor einem Zusammenbruch stünden, der unsere ganze Welt in einen ewigen Abgrund zu stürzen droht. Manchmal scheint man nur wenig tun zu können, um einen solchen Zusammenbruch zu verhindern. Was machen wir nur falsch?

Wenn wir einmal länger darüber nachdenken, entdecken wir die Existenz eines inneren Raumes — unserer Verborgenen Welt —, den wir vorher nicht wahrgenommen hatten. Ich hoffe, daß folgendes deutlich wird: Wenn wir unsere Verborgene Welt vernachlässigen, wird sie nicht dem Gewicht der Ereignisse und Spannungen standhalten können, die sich zwangsläufig einstellen.

Manche Leute sind überrascht und verstört, wenn sie zu dieser Selbsterkenntnis gelangen. Plötzlich entdecken sie, daß sie den Großteil ihrer

Zeit und Energie dafür verwendet haben, auf der sichtbaren Ebene, an der Oberfläche, Leben aufzubauen. Sie haben viele gute und vielleicht sogar außerordentliche Aktivwerte angehäuft, wie beispielsweise akademische Grade, Arbeitserfahrung, einflußreiche Beziehungen und körperliche Kraft oder Schönheit.

Daran ist auch nichts Schlechtes. Aber oft entdecken wir beinahe zu spät, daß unsere Verborgene Welt geschwächt oder aus den Fugen geraten ist. Und an diesem Punkt ist dem »Aushöhlungs-Syndrom« die beste Vorlage gegeben.

Wir müssen lernen, daß wir in zwei völlig verschiedenartigen Welten leben. Wir können viel eher mit unserer äußeren, öffentlichen Welt umgehen, denn sie ist viel leichter meßbar. Sie ist sichtbarer, ausdehnungsfähiger. Unsere äußere Welt besteht aus Arbeit, Besitztümern, Spiel und vielen Bekanntschaften, die ein soziales Netz bilden. Diesen Teil unserer Existenz kann man am leichtesten mit Begriffen wie Erfolg, Popularität, Besitz und Schönheit klassifizieren. Unsere innere Welt dagegen ist mehr geistlicher Natur. Hier finden wir ein Zentrum vor, in dem Maßstäbe und Werte festgelegt werden und Überlegungen in der Stille reifen können. Es ist ein Platz der Anbetung und des Bekennens, ein einsamer Raum, in den die moralische und geistliche Verschmutzung der Zeit nicht eindringen darf.

Den meisten unter uns wurde beigebracht, aus ihrem äußerlichen Leben etwas zu machen. Natürlich wird es immer den unabhängigen Arbeiter, den unorganisierten Heimwerker oder den Menschen mit dermaßen unreifer sozialer Bindungsfähigkeit geben, daß er allen in seiner Umgebung zur Last fällt. Aber die meisten unter uns haben es doch gelernt, Anweisungen entgegenzunehmen, Arbeitspläne aufzustellen und Anordnungen zu erteilen. Wenn es um Arbeit und Beziehungen geht, wissen wir wohl, welches System uns am meisten liegt. Wir wählen geeignete Formen für Spaß und Freizeit. Wir besitzen die Fähigkeit, Freunde zu finden und diese Beziehungen zu pflegen.

Die öffentlichen Bereiche unseres Lebens scheinen mit unendlich vielen Anforderungen an unsere Zeit, unsere Treue, unser Geld und unsere Energie angefüllt zu sein. Und weil unsere äußerliche Welt so sichtbar, so real ist, müssen wir darum kämpfen, all ihren Verführungen und Anforderungen aus dem Weg zu gehen. Sie schreit geradezu nach unserer Aufmerksamkeit und unserem Handeln.

Das Resultat ist, daß unsere Verborgene Welt oftmals betrogen wird. Wir vernachlässigen sie, da sie sich nicht allzu laut meldet. Tatsächlich kann sie über lange Zeitspannen ignoriert werden, bevor sie einem sogartigen Einbruch nachgibt.

Der Autor Oscar Wilde widmete seiner Verborgenen Welt nur spärliche Aufmerksamkeit. William Barclay zitiert Wildes Bekenntnis:

»Die Götter hatten mir fast alles geschenkt. Ich aber ließ mich in lange Perioden sinnlosen Leichtsinns locken . . . Der Höhenflüge müde geworden, ließ ich mich absichtlich in die Tiefen gleiten, auf der Suche nach neuen Empfindungen. Was mir in der gedanklichen Sphäre das Paradoxe bedeutete, wurde mir in der leidenschaftlichen Sphäre die Perversion. Das Leben anderer kümmerte mich immer weniger. Ich ließ kein Vergnügen aus und lebte in den Tag hinein. Dabei vergaß ich, daß jede kleine Handlung im Alltag den Charakter formt oder zerstört; was man einmal im verborgenen Raum getan hat, wird man eines Tages laut von den Dächern schreien müssen. Ich war nicht länger Herr über mich selber. Ich war nicht mehr Kapitän meiner Seele, doch ich merkte es nicht. Ich erlaubte dem Vergnügen, über mich zu herrschen. Ich landete in fürchterlicher Schmach und Schande.« [1]

Wenn Wilde schreibt: »Ich war nicht mehr Kapitän meiner Seele«, so schildert er eine Person, deren Verborgene Welt in die Brüche gegangen ist, deren Leben am Absacken ist. Auch wenn seine Worte ein großes persönliches Drama beschreiben, könnten doch viele Menschen ähnliches sagen; diejenigen, die, wie er, ihre Verborgene Welt ignoriert haben.

Ich glaube, daß die Verborgene Welt des einzelnen Menschen eines der großen Schlachtfelder unserer Zeit ist. Dort findet ein Kampf statt, der insbesondere von denen aufgenommen werden muß, die sich praktizierende Christen nennen. Unter ihnen sind Menschen, die hart arbeiten, die sich zu Hause, bei der Arbeit und in der Kirche enorme Verantwortung auf ihre Schultern laden. *Sie sind gute Menschen, aber sehr, sehr müde!* Und so befinden sie sich häufig am Rande eines erosionsartigen Einbruchs. Warum? Aus folgendem Grund: Obwohl ihre wertvollen Handlungen nichts mit denen Oscar Wildes gemein haben, orientieren sie sich, genauso wie er, viel zu sehr nach außen und ignorieren die private Seite, bis es beinahe zu spät ist.

Die Wertmaßstäbe unserer westlichen Welt haben dazu beigetragen, uns dieser Tendenz gegenüber blind zu machen. Wir glauben ganz naiv, daß die öffentlich am meisten engagierten Menschen auch das geistlichste Seelenleben hätten. Wir denken: je größer die Gemeinde, desto größer der himmlische Segen. Je mehr Bibelkenntnis ein Mensch besitzt, desto näher müsse er wohl Gott sein.

Weil wir zu solchem Denken tendieren, kommen wir in Versuchung, unverhältnismäßig große Aufmerksamkeit auf unser äußerliches Leben zu richten, was aber auf Kosten unseres Innenlebens geht. Mehr Programme, mehr Veranstaltungen, mehr Lernerfahrungen, mehr Beziehungen, mehr Geschäftigkeit; bis all das an der Lebensoberfläche ein solches Gewicht bekommt, daß die ganze Sache zusammenzubrechen droht. Erschöpfung, Enttäuschung, Versagen, Niederlage sind dann die erschreckenden Konsequenzen. Die vernachlässigte Verborgene Welt kann dem Druck des Gewichts nicht länger standhalten.

Vor kurzem traf ich einen Mann, der seit über zehn Jahren Christ ist, am Rande des Fußballfeldes, auf dem unsere Söhne spielten. In der Halbzeit machten wir einen kleinen Spaziergang und erkundigten uns nach dem Befinden des anderen. Ich stellte ihm eine der typischen Fragen, die Christen einander stellen sollten, bei denen man sich aber immer etwas dumm vorkommt.

Ich sagte: »Erzählen Sie mir doch mal, wie es Ihnen geistlich so geht.«

Und er antwortete: »Das ist eine interessante Frage! Was kann man da wohl antworten? Ach, mir geht's, glaub' ich, ganz gut. Ich würde gerne sagen, daß ich näher zu Gott hinwachse oder mich mehr in seiner Nähe fühle. Aber die Wahrheit ist, daß ich keinen Meter vorankomme.«

Ich denke, es war richtig, der Angelegenheit nachzugehen, denn er machte den Eindruck, als wolle er weiter darüber reden.

»Nehmen Sie sich regelmäßig Zeit dafür, Ihr Innenleben zu ordnen?«

Fragend blickte er mich an. Hätte ich ihn gefragt: »Wie steht es mit Ihrer Stillen Zeit?«, hätte er problemlos antworten können. Das wäre meßbar gewesen, er hätte mit Begriffen wie Tage, Stunden und Minuten, Systeme und Techniken antworten können. Aber ich hatte ihn nach der Ordnung seines Innenlebens gefragt. *Das Schlüsselwort ist Ordnung*, ein Begriff, bei dem nach *Qualität*, nicht nach Quantität gefragt wird. Als er das merkte, wurde ihm unbehaglich.

»Wie kann man je sein Innenleben völlig in Ordnung bringen?« fragte er. »Bei mir hat sich bereits Arbeit bis zum Jahresende angehäuft. In dieser Woche ist jeder Abend besetzt. Meine Frau drängt mich dauernd, ich solle eine Woche Urlaub nehmen. Das Haus muß gestrichen werden. Also, wie man's auch dreht, es bleibt mir nicht gerade viel Zeit, um über die Ordnung meines Innenlebens nachzudenken.«

Er hielt einen Moment inne und fragte dann: *»Was heißt überhaupt ›Innenleben‹?«*

Plötzlich war mir klar: Hier stand ein bekennender Christ vor mir, der sich seit Jahren in christlichen Kreisen bewegt hatte; der den Ruf hatte, Christ zu sein, weil er christliche Dinge tat, der aber nicht wußte, daß es außerhalb all dieser gutgemeinten Betriebsamkeit noch etwas Beständiges, Verläßliches geben muß. Daß er sich für zu beschäftigt hielt, um sein Innenleben zu pflegen, und unsicher war, was »Innenleben« eigentlich bedeutet, zeigte mir bereits, daß er den zentralen Punkt eines Lebens in Verbundenheit mit Gott um ein beträchtliches verfehlt hatte. Nun hatten wir eine Menge Gesprächsstoff.

Kaum jemand hatte mehr mit dem Druck der Öffentlichkeit zu kämpfen als Anne Morrow Lindbergh, die Frau des berühmten Fliegers. Sie war sehr bedacht darauf, ihre Verborgene Welt zu pflegen, und schrieb darüber einige aufschlußreiche Dinge in ihrem Buch *»Das Geschenk des Meeres«*.

> »Als erstes möchte ich ... mit mir selbst im reinen sein. Ich wünsche mir eine Aufrichtigkeit, eine Reinheit in meinen Absichten und einen inneren Kern in meinem Leben, der mich dazu befähigt, all meine Verpflichtungen und Aktivitäten so gut wie möglich zu meistern. Und ich möchte den größtmöglichen Teil meiner Zeit ›in Gnade‹ verbringen, um es einmal in der Sprache der Heiligen auszudrücken. Ich benutze diesen Begriff nicht in streng theologischem Sinne. Mit Gnade meine ich innere, vor allem geistige Harmonie, aus der dann äußere Harmonie resultieren kann. Vielleicht suche ich dasselbe, was Sokrates im ›Phaedrus‹ erflehte: ›Auf daß der äußerliche und der innerliche Mensch eins seien.‹ Ich sehne mich nach einem Zustand innerer geistlicher Gnade, von dem aus ich handeln und geben kann, wie es von Gott her für mich vorgesehen war.«[2]

Fred Mitchel, ein Leiter in der Weltmission, hatte auf seinem Schreibtisch folgenden Spruch stehen: »Hüte dich vor der geistigen Dürre eines geschäftigen Lebens.« Auch er wußte den möglichen Zusammenbruch als Folge eines mißachteten Innenlebens.

Die Erosion in Florida ist ein physikalisches Bild für ein geistliches Problem, mit dem viele Christen in der westlichen Welt fertig werden müssen. Je mehr die Lebensanforderungen in den 80er und 90er Jahren steigen, desto mehr Leute wird es geben, deren Leben solch einer Aushöhlung gleicht, es sei denn, sie schauen nach innen und fragen sich: Gibt es denn noch ein Innenleben unterhalb dieses Lärmens und Treibens an der Oberfläche? Einen Bereich, der erforscht und bewahrt werden muß? Kann Widerstandskraft entwickelt werden, die dem Druck der Oberfläche standhält?

Als John Quincy Adams in Washington von Heimweh nach seiner in Massachusetts lebenden Familie überwältigt wurde, schrieb er ihr einen Brief voll mit Ratschlägen und Ermutigungen für jedes seiner Kinder. Seiner Tochter schrieb er etwas darüber, ob sie heiraten und was für einen Mann sie wählen solle. Seine Worte sind Ausdruck dessen, welches Gewicht er einer geordneten Verborgenen Welt beimaß:

> »Tochter! Heirate einen Mann, der ehrlich ist, und achte darauf, daß er ehrlich bleibt. Es ist unwichtig, ob er reich ist, Hauptsache, er ist unabhängig. Achte mehr auf die Ehrbarkeit und den moralischen Charakter des Mannes als auf alle anderen Umstände. *Denke an keine andere Größe als an die der Seele, an keinen anderen Reichtum als an den des Herzens.«*[3]

Anmerkung für Desorganisierte

***Wenn meine Verborgene Welt in Ordnung ist,
dann nur deshalb, weil ich täglich die Entscheidung treffe,
ihren Stand der Ordnung zu überprüfen.***

Kapitel 2

Der Blick von der Brücke

Ein guter Freund von mir war früher Offizier an Bord eines atomgetriebenen U-Bootes der US-Flotte. Eines Tages hatte sein Boot Einsatz im Mittelmeer. Viele Schiffe schwammen an der Wasseroberfläche, und das U-Boot mußte zahlreiche heftige Ausweichmanöver starten, um Kollisionen zu vermeiden.

In Abwesenheit des Kapitäns war mein Freund Offizier vom Dienst und mußte sämtliche Befehle für die Positionsänderungen des U-Bootes erteilen. Da der Kurs abrupt und ungewöhnlich oft gewechselt wurde, erschien der Kapitän, der sich in seiner Kajüte aufgehalten hatte, plötzlich auf der Kommandobrücke und fragte: »Ist alles in Ordnung?«

»Jawohl, Kapitän!« lautete die Antwort meines Freundes.

Der Kapitän schaute sich noch mal kurz um und bewegte sich dann wieder auf die Luke zu, um die Kommandobrücke zu verlassen. Während er verschwand, sagte er: »Ich habe auch den Eindruck, daß alles stimmt.«

Dieser einfache Routinewortwechsel zwischen einem Schiffskapitän und einem seiner verläßlichen Offiziere lieferte mir ein hilfreiches Bild für die Ordnung meiner Verborgenen Welt. Unsichtbar drohte die Möglichkeit einer Kollision. Das genügte, um die Aufmerksamkeit eines jeden wachsamen Kapitäns auf sich zu ziehen. Doch die Gefahr lag außerhalb des Bootes. Tief im Inneren des U-Bootes gab es einen ruhigen Platz, von dem die Kontrolle über das Schicksal des Schiffes ausgehen konnte. Dorthin zog es instinktiv den Kapitän.

In diesem Kommandozentrum gab es nicht die Spur von Panik, sondern nur eine Reihe ruhiger und überlegter Handlungen, ausgeführt von einer gut geschulten Schiffsbesatzung, die ihre Arbeit tat. Wenn der Kapitän auf der Kommandobrücke erschien, um sich zu vergewissern, ob alles in Ordnung sei, war eben auch alles in Ordnung. »Alles okay?« fragte er. Und nachdem man ihm versichert hatte, daß alles gut lief, blickte er sich um und bestätigte: »Ich habe auch den Eindruck, daß alles in Ordnung ist.« Er war zu der zuständigen Stelle gegangen und hatte die richtige Antwort erhalten.

So organisierte der Kapitän sein U-Boot. Die notwendigen Maßnahmen waren bereits tausendmal im Normalzustand erprobt worden. Als nun in einer prekären Situation reagiert werden mußte, gab es für den Kapitän keinen Grund zur Panik. Er konnte von seinen Männern auf der Kommandobrücke eine makellose Leistung erwarten. Wenn dort alles funktioniert, ist das U-Boot, ungeachtet der äußeren Umstände, sicher. »Ich habe auch den Eindruck, daß alles in Ordnung ist«, sagt der Kapitän.

Aber es gab auch Fälle, in denen solche Übungsmanöver vernachlässigt oder überhaupt nicht praktiziert wurden. Dann kann es zu einer Katastrophe kommen. Schiffe kollidieren oder gehen unter, und der Schaden ist immens. Genauso geht es im menschlichen Bereich, wenn auf der »Kommandobrücke« des Seelenlebens Durcheinander herrscht. Die Unfälle dort nennt man dann *»ausgebrannt«, »zusammengebrochen«* oder *»in die Luft gegangen.«*

Ein Mensch kann Fehler machen oder auch einmal versagen. Schließlich lernen wir unsere wichtigsten Lektionen für unser Verhalten und unseren Charakter unter solchen Umständen. Aber, es ist schrecklich, den Verfall eines Menschen mit ansehen zu müssen, der in Streßsituationen kein Fundament hat, das ihm inneren Halt geben kann.

Die Zeitschrift *»Wall Street Journal«* gab kürzlich eine Reihe von Artikeln mit der Überschrift »Managerkrise« heraus, unter denen sich die Geschichte von Jerald H. Maxwell, einem Jungunternehmer, der ein erfolgreiches technisches Unternehmen geführt hatte, befand. Eine Zeitlang war er für ein Führungs- und Finanzgenie gehalten worden. Doch das war vorbei, als es bei ihm einen dieser sogartigen Einbrüche gab.

> »Dieser Tag hat sich tief in Jerald H. Maxwells Gedächtnis eingegraben. Auch seine Familie wird ihn niemals vergessen. Für sie ist es der Tag, an dem Jerald begann, in seinem Zimmer zu weinen, an dem sein gesundes Selbstvertrauen ein Ende nahm und seine Depression begann, der Tag, an dem seine Welt — und die ihre — zusammenbrach.«

Maxwell war entlassen worden! Alles fiel zusammen, und er kam mit der Situation nicht zurecht. Die Zeitschrift fährt fort:

> »Zum ersten Mal in seinem Leben war Mr. Maxwell ein Versager, und das ließ ihn zusammenbrechen. Das Gefühl der Niederlage führte zu einem emotionellen Zusammenbruch, zermürbte die Beziehung zwischen Mr. Maxwell und seiner Frau und den vier Söhnen und trieb ihn an den Rand . . .« »Als alles auseinanderbrach, ging es ihnen so schlecht, daß ich mich schämte«, erinnerte sich Mr. Maxwell. Er hält inne, seufzt und

fährt fort: »In der Bibel steht, du mußt nur bitten, und du wirst empfangen. Ich bat oft um den Tod.« [1]

Die meisten von uns haben nicht, wie Mr. Maxwell, um den Tod gebetet. Aber viele haben denselben Druck der Öffentlichkeit gespürt, der in uns derart stark wurde, daß wir uns fragten, ob der Tod nicht vor der Tür stehe. In solchen Momenten stellen wir unseren Vorrat an inneren Reserven in Frage — ob wir es schaffen, uns weiter durchzukämpfen, oder ob es an der Zeit ist, alles hinzuschmeißen und fortzurennen. Wir sind plötzlich nicht mehr sicher, ob wir noch genügend geistliche, psychische oder physische Kraft haben, um in unserem gegenwärtigen Tempo weiterzumachen.

Der Schlüssel in solchen Situationen ist, das zu tun, was der Kapitän besagten U-Bootes tat. Als es erste Anzeichen von heftiger Unruhe um das Boot herum gab, strebte er zur Kommandobrücke, um herauszufinden, ob alles in Ordnung sei. Er wußte, daß er nur dort die Antwort bekommen könnte. Er wußte: »Wenn dort alles in Ordnung ist, kann ich mich voller Vertrauen in meine Kabine zurückziehen. Das Schiff wird mit den stürmischen Umständen fertig werden, wenn auf der Kommandobrücke alles in Ordnung ist!«

Einer meiner biblischen Lieblingsberichte erzählt von dem Nachmittag, an dem die Jünger sich auf dem See Genezareth in einem wilden Sturm befanden. Bald waren sie verängstigt und aus der Fassung gebracht. Es waren Männer, die seit Jahren in diesem See gefischt hatten, die ihre eigene Ausrüstung besaßen, und es war bestimmt nicht ihr erster Sturm. Aber irgendwie waren sie diesmal nicht in der Lage, mit der Situation fertig zu werden. Jesus dagegen schlief im Heck des Bootes. Sie eilten zu ihm, wütend darüber, daß es ihm scheinbar egal war, daß ihr Leben auf dem Spiel stand. Vielleicht sollten wir jedoch anerkennen, daß sie wußten, an wen sie sich zu wenden hatten.

Als Jesus dann den Sturm gestillt hatte, stellte er eine Frage, die für ihr persönliches Wachstum und ihre Entwicklung zu geistlichen Leitern zentral war: »Wo ist euer Glaube?« In meiner Sprache könnte er ebenso gefragt haben: »Warum ist die Kommandobrücke deiner Verborgenen Welt nicht in einem besseren Zustand?«

Warum reagieren so viele Leute auf persönliche Spannung und Druck nicht damit, auf die Kommandobrücke ihres Lebens zu gehen? Warum versuchen sie statt dessen, noch schneller zu rennen, heftiger zu protestieren, mehr anstehen zu lassen, mehr Termine zu machen, mehr Fachkenntnisse zu erwerben? Wir leben in einer Zeit, in der man offensichtlich instinktiv allem anderen mehr Aufmerksamkeit widmet als dem eigenen Seelenleben — dem einzigen Platz, an dem wir die nötige Kraft finden können, um jeder äußeren Unruhe die Stirn zu bieten oder sie sogar zu besiegen.

Biblische Autoren vertrauten auf das Prinzip, die Kommandobrücke aufzusuchen. Sie wußten und lehrten, daß die Entwicklung und Aufrechterhaltung unseres Seelenlebens höchste Priorität haben muß. Das ist ein praktischer Grund dafür, daß ihr Werk die Jahrhunderte und Kulturen überdauert. Denn das, was sie schrieben, hatten sie von dem Schöpfer empfangen, *der uns so angelegt hat, daß wir die äußere Welt am effektivsten aus unserer inneren Welt heraus meistern können.*

Ein Schreiber der Sprüche faßte das Prinzip des Seelenlebens in folgende Worte:

> »Behüte dein Herz mit allem Fleiß, denn daraus quillt das Leben« (Spr. 4,23).

Mit einem einfachen Satz hat uns der Schreiber einen großartigen Einblick gewährt. Was ich »Kommandobrücke« nenne, nennt er »das Herz«. Er vergleicht es mit einer Quelle, aus der die Energie, das Verstehen und die Kraft fließen können, die nicht den äußeren Unruhen unterliegen, sondern die sie sogar überwinden. Behüte dein Herz, sagt er, und es wird zu einer Quelle des Lebens werden, von der du und andere trinken können.

Aber was bedeutet denn nun »behüte dein Herz«? Einerseits geht es dem Schreiber offensichtlich darum, daß das Herz vor äußeren Einflüssen geschützt wird, die seine Unversehrtheit aufs Spiel setzen könnten. Außerdem geht es um Kraft und Entwicklung des Herzens, damit es fähig ist, das Leben besser in Ordnung zu halten.

Doch hinter diesen möglichen Lektionen unserer Metapher kommt die Tatsache zum Vorschein, daß jeder die freiwillige und disziplinierte Entscheidung treffen muß, das Herz, die »Kommandobrücke« des Lebens, zu behüten und zu schützen. Wir müssen uns dazu *entschließen,* unser Herz zu behüten. Seine Gesundheit und Produktivität kann nicht einfach vorausgesetzt werden; es muß ständig beschützt und gepflegt werden. Wir wollen uns noch einmal daran erinnern, was der Kapitän des U-Bootes tat, als er spürte, daß etwas Außergewöhnliches vorging: er eilte, ohne zu zögern, auf die Kommandobrücke. Warum? Weil er wußte, daß dies der Ort war, an dem alle Fähigkeiten mobilisiert werden konnten, um der Gefahr die Stirn zu bieten.

Im Neuen Testament machte Paulus eine ähnliche Beobachtung, als er Christen dazu herausforderte, »stellt euch nicht dieser (äußerlichen) Welt gleich, sondern ändert euch durch Erneuerung eures Sinnes« (Röm. 12,2).

J. B. Philips interpretierte Paulus' Worte folgendermaßen: »Laß nicht zu, daß dich die Welt in ihre Form preßt.«

Der Apostel sprach eine zeitlose Wahrheit aus. Er wollte, daß man die richtige Wahl trifft. Wollen wir unser Innenleben so in Ordnung bringen, daß es auf das Außenleben Einfluß ausübt? Oder wollen wir unsere Verborgene Welt vernachlässigen und so der Außenwelt erlauben, uns zu formen? Diese Entscheidung müssen wir täglich fällen.

Das ist ein verblüffender Gedanke. Und es ist die Art von Einsicht, die der gekündigte Manager aus dem *»Wall Street Journal«* ignoriert hatte. Der Beweis: sein Einbrechen, als seine äußere Welt Druck auf ihn ausübte. Er hatte keine innerliche Kraftreserve, keine Ordnung in seiner Verborgenen Welt.

Mary Slessor war eine junge, ledige Frau, die Schottland um die Jahrhundertwende herum verließ, um in einen Teil Afrikas zu gehen, der von Krankheit und unbeschreiblichen Gefahren beherrscht wurde. Aber sie hatte einen unbezwingbaren Geist und lief weiter, wo schwächere Männer und Frauen zusammenbrachen, davonrannten und nie wieder zurückkamen. Nach einem besonders strapaziösen Tag versuchte sie einmal in einer provisorischen Hütte im Dschungel zu schlafen. Über diese Nacht schrieb sie folgendes:

> »Ich stellte eigentlich keine allzu hohen Ansprüche mehr an mein Bett, aber während ich so auf einem Stapel dreckiger Bretter lag, die mit dem Abfall schmutziger Maishülsen bedeckt waren, umgeben von unzähligen Ratten und Insekten, drei Frauen und ein drei Tage altes Baby neben mir und mehr als ein Dutzend Schafe und Ziegen draußen, wunderte ich mich nicht mehr darüber, daß ich kaum schlafen konnte. *In meinem Herzen jedoch hatte ich eine durchaus gemütliche und ruhige Nacht.*«[2]

Um diese Art des Denkens geht es, wenn wir uns mit der Frage nach der Ordnung unserer Verborgenen Welt befassen. Ob man es jetzt in der Schiffssprache »Kommandobrücke« oder in der Sprache der Bibel »Herz« nennt — es geht letztlich um dasselbe: Es muß einen Ort geben, an dem alles in Ordnung ist, einen Platz, von dem die Energie ausgeht, die mit Unruhen fertig wird und sich nicht von ihnen einschüchtern läßt.

Wir werden erkennen, daß wir dieses bedeutsame Prinzip erlernt haben, wenn wir an den Punkt kommen, an dem die Entwicklung und die Pflege eines starken Innenlebens zur wichtigsten Einzelfunktion unserer Existenz geworden sind. In dem Augenblick nämlich, wenn sich der Druck und die Spannung vermehren, können wir die Frage stellen: »Ist alles in Ordnung?« Und wenn wir entdecken, daß dem so ist, können wir von Herzen antworten: »Ich habe auch den Eindruck, daß alles stimmt.«

TEIL I

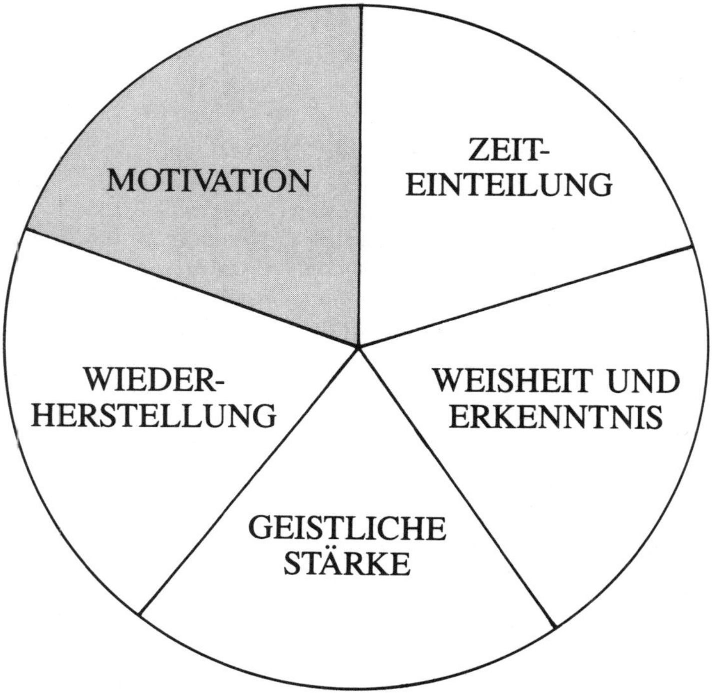
MOTIVATION
ZEIT-
EINTEILUNG
WEISHEIT UND
ERKENNTNIS
GEISTLICHE
STÄRKE
WIEDER-
HERSTELLUNG

Anmerkung für Desorganisierte

***Wenn meine Verborgene Welt in Ordnung ist,
dann deshalb, weil ich mir meiner Gefährdung bewußt bin,
nach Schemata und Denkmuster zu handeln,
die nicht von Gott gemacht wurden,
sondern Resultat einer ungeordneten Vergangenheit sind.***

Kapitel 3

Im goldenen Käfig gefangen

Die zwölf Männer, die Jesus Christus folgten und schließlich seine Kirche gründeten, stellten eine merkwürdige Gruppe dar. Ich selbst hätte mir keinen von ihnen ausgesucht (mit Ausnahme vielleicht von Johannes, den ich sympathisch und unbedrohlich finde), einer Bewegung von dem Ausmaß der Mission Christi vorzustehen. Nein, diese hätte ich bestimmt nicht ausgesucht. Aber Jesus berief sie, und das Ergebnis ist bekannt.

Offen gesagt wären einige von jenen Freiwilligen, die Jesus abgelehnt hat, mehr nach meinem Geschmack gewesen. Sie waren Draufgänger; sie wußten Dinge anzupacken. Sie scheinen vor lauter Enthusiasmus beinahe geplatzt zu sein. Aber er lehnte sie ab! Warum nur?

Vielleicht sah Jesus mit seinem einzigartigen Durchblick in ihr Innenleben und sah Gefahrenzonen. Er sah vielleicht *gehetzte* Männer, die etwas aus sich machen wollten. Vielleicht war ausgerechnet das, was ich an ihnen mag, ein Problem: Sie wollten die Situation kontrollieren und selbst bestimmen, wann es losgehen sollte und mit welchem Ziel.

Vielleicht (und das ist reine Spekulation) hätten wir erst, nachdem sie schon zur Mannschaft gehörten, entdeckt, daß viel mehr in ihrem Terminplan stand, als vorher offensichtlich war. Wir hätten herausgefunden, daß es sich um Männer mit eigenen Zielen, Plänen und Schemata handelte. Jesus Christus ist nicht willens, mächtige Taten im Innenleben von Menschen zu vollbringen, die dermaßen gehetzt sind. Er hat es niemals getan. Er scheint es vorzuziehen, mit Menschen zu arbeiten, die er beruft. Und deshalb kennt die Bibel keine Freiwilligen, nur Berufene.

In der Erforschung der inneren Sphäre des Menschen muß man an irgendeinem Punkt beginnen, und ich fange am besten dort an, wo Jesus wohl angefangen hat — mit der Unterscheidung zwischen *»berufen«* und *»getrieben«*. Irgendwie unterschied Jesus Menschen danach, ob sie dazu neigten, sich treiben zu lassen, oder ob sie bereit waren, sich berufen zu lassen.

Er befaßte sich mit ihren Motiven, mit dem Fundament ihrer geistlichen Energie und mit der Art von Befriedigung, nach der sie verlangten.

Er berief diejenigen, die zu ihm hingezogen wurden, und mied diejenigen, die getrieben waren und ihn »benutzen« wollten.

Woran kann man einen getriebenen Menschen erkennen? Heute ist das relativ einfach. Getriebene und gehetzte Menschen zeigen Anzeichen von Streß. Halte nach Streßsymptomen Ausschau, und du wirst so einige getriebene Zeitgenossen finden.

Die Welt von heute widmet dem Thema Streß viel Aufmerksamkeit. Streß ist das Thema von Büchern und Forschung, und in ärztlichen Untersuchungszimmern fühlt fast immer jemand Schmerzen in Brust oder Magen. Manche Leute widmen ihre ganze Karriere der Streßforschung. Wissenschaftler führen Belastbarkeitsproben durch, indem sie verschiedene Materialien Druck, Hitze und Vibration aussetzen. Techniker testen die Belastungsfähigkeit, indem sie Fahrgestell und Motor von Automobilen wie auch den Rumpf von Flugzeugen Tausende von Kilometern unter extremen Bedingungen fahren oder fliegen lassen. Bei Menschen mißt man den Streß in ähnlicher Weise, während sie im All fliegen, in einer Druckausgleichskabine am Grunde des Ozeans sitzen oder medizinischen Tests in einem Krankenhauslabor unterzogen werden. Einer meiner Bekannten hat ein sensibles Meßgerät entwickelt, das Gehirnwellen aufzeichnet und dem Forscher minutengenau anzeigt, wann sein Forschungsobjekt überanstrengt ist.

Im letzten Jahrzehnt ist sehr deutlich geworden, daß viele Menschen unserer Gesellschaft unter andauerndem und zerstörerischem Streß stehen, da ihr Lebenswandel eine Geschwindigkeit erreicht, die wenig Zeit für erholsames Ausruhen bietet. Kürzlich berichtete die Zeitschrift »*Time*«:

> »In den vergangenen 30 Jahren ist Ärzten und Gesundheitsbeamten bewußt geworden, welchen Einfluß extremer Streß auf das Wohlbefinden einer Nation ausübt. Nach der ›American Academy of Family Physicians‹ sind zwei Drittel aller Arztbesuche während der Arbeitszeit auf Streßsymptome zurückzuführen. Gleichzeitig sind Industriemanager durch die extremen Folgekosten solcher Symptome alarmiert, die sich in Abwesenheit, Arztausgaben und schließlich in Produktivitätsverlust niederschlagen.«[1]

In dem Artikel hieß es weiter, daß die Auswirkungen von Streß amerikanische Firmen jährlich zwischen 50 und 75 Millionen Dollar bzw. mehr als 750 Dollar für jede amerikanische Arbeitskraft kosten. »Streß«, so die Zeitschrift *Time*, »fördert direkt oder indirekt Krankheiten im Bereich der Herzkranzgefäße, Krebs, Lungenleiden, Unfallverletzungen, Leberzirrhose und Selbstmord.« Und das ist alles nur der Anfang.

Was steckt hinter alledem? »*Time*« zitiert Dr. Joel Elkes von der Universität Louisville: »Unser Lebensstil entpuppt sich als die Hauptursache unserer heutigen Krankheiten.«

Natürlich gibt es eine Art Streß (Eustreß), der förderlich ist, da er Künstlern, Athleten oder Verantwortlichen hilft, Bestleistungen zu erzielen. Beim Thema Streß konzentriert sich jedoch die Aufmerksamkeit auf die Arten, die die menschlichen Kapazitäten eher mindern als fördern.

Eine faszinierende Untersuchung über Streß wurde von Dr. Thomas Holmes angestellt. Holmes wurde durch seine berühmte Wertungsskala bekannt, das Holmes'sche Streßdiagramm. Dieses Diagramm ist eine einfache Meßkurve, die anzeigt, wieviel Druck auf einer Person ungefähr lastet, und wie nahe diese Person gefährlichen physischen oder psychischen Auswirkungen ist.

Nach langer Forschung entwickelten Holmes und seine Mitarbeiter ein Punktesystem, wobei jeder Punkt für Ereignisse steht, die jedem bekannt sind. Jeder Punkt wurde »Lebensveränderungs-Einheit« genannt. Eine Anhäufung von über 200 Einheiten pro Jahr sollte, laut Holmes, als Warnsignal für einen bevorstehenden Herzanfall, emotionellen Streß oder einen Zusammenbruch verstanden werden. So wird beispielsweise dem Verlust eines Ehepartners die Höchstanzahl solcher »Lebensveränderungs-Einheiten«, nämlich hundert, zugemessen. Der Verlust des Arbeitsplatzes bringt 47 Punkte, während der Gewinn eines neuen Familienmitgliedes 39 Punkte liefert. Das zeigt, nicht alle von Holmes' aufgezeigten streßerzeugenden Ereignisse sind negativ. Sogar positive und schöne Ereignisse wie Weihnachten (12 Punkte) und Ferien (13) produzieren Streß.

Meiner Erfahrung nach ist es nicht außergewöhnlich, mit Menschen zu sprechen, deren Punkteanzahl weit über 200 liegt. So kam beispielsweise ein Pfarrer in meine Sprechstunde, dessen Punkteanzahl, so sagte er mir, 324 sei. Er habe gefährlich hohen Blutdruck, er leide an chronischen Magenbeschwerden, fürchte ein Magengeschwür und schlafe nachts unruhig. An einem anderen Tag saß ich mit einem jungen leitenden Angestellten beim Frühstück, der mir gestand, er habe bis vor kurzem den Ehrgeiz besessen, vor seinem 35. Lebensjahr Millionär zu werden. Als er seine aktuelle Situation am Holmes'schen Streßdiagramm gemessen habe, sei er entsetzt darüber gewesen, daß seine Punkteanzahl 412 betrage. Was haben diese beiden Menschen der Geschäftswelt und der religiösen Welt gemeinsam?

Ich nenne sie *getriebene* Menschen, und dieser Trieb kostet sie enorm viel — die Punkte sind lediglich ein zahlenmäßiger Hinweis auf diese Tatsache. Ich benutze das Wort *getrieben*, denn es beschreibt nicht nur den Zustand, in dem diese Menschen durchs Leben jagen. Es kennzeichnet auch, wie viele unter uns es sich nicht eingestehen wollen, was in ihrem Leben vorgeht, und was sie sich antun. Vielleicht werden wir auf Ziele zugetrieben, ohne daß wir verstehen, warum. Oder wir nehmen nicht wahr, was das in Wirklichkeit unseren Geist, unseren Körper und natürlich unser Herz kostet. Mit *Herz* meine ich das, was in Sprüche 4,23 geschrieben ist: Diese Quelle, aus der die Lebensenergie quillt. Dabei tun viele dieser getriebenen Menschen großartige Dinge. Getriebene Menschen sind nicht unbedingt schlechte Menschen, obwohl die Folgen ihres Getriebenseins schlechte Resultate hervorbringen können. Tatsächlich leisten getriebene Menschen der Allgemeinheit oft unschätzbare Dienste. Sie rufen Organisationen ins Leben; sie bieten Arbeitsplätze und Möglichkeiten; sie sind oft voller Elan und tun Dinge, die anderen sehr nützlich sind. Aber das ändert nichts an der Tatsache, daß sie getriebene Menschen sind, und man wundert sich über ihre Fähigkeit, die Geschwindigkeit beizubehalten, ohne ins Schleudern zu geraten.

Kann man getriebene Menschen erkennen? Aber natürlich. Es gibt viele Symptome, die erkennen lassen, daß ein Mensch getrieben ist. Bei den Menschen, die ich kenne, sind es meistens die folgenden:

1. *Ein getriebener Mensch findet häufig nur Befriedigung, wenn er sein Ziel erreicht.* Irgendwann im Reifeprozeß entdeckt er, daß er für sich und von seiner Umwelt nur Bestätigung bekommt, wenn er etwas erreicht hat. Diese Entdeckung kann das Resultat formender Einflüsse im zarten Kindesalter sein. Vielleicht hat der Betreffende nur dann Bestätigung und Zustimmung von seinen Eltern oder einer einflußreichen Person erhalten, nachdem er irgend etwas fertiggestellt hatte. Womöglich wurde kein lobendes Wort gesprochen, bevor diese Aufgabe nicht vollbracht war. Liebe und Anerkennung konnte er nur durch die vollständige Erledigung einer Aufgabe erringen.

Unter solchen Umständen wird das Herz manchmal von einer Leistungspsychologie eingefangen. Man entwickelt dann folgendes Denken: Wenn die Ausführung einer Aufgabe schöne Gefühle und die Anerkennung anderer zur Folge hatte, dann erzeugt wohl die Erledigung von mehreren solcher Aufgaben mehr schöne Gefühle und Anerkennung.

Also beginnt der getriebene Mensch nach Wegen zu suchen, wie er mehr und mehr Anerkennung gewinnen kann. Plötzlich wird er dann zwei oder drei Dinge auf einmal tun, weil das noch mehr dieser zweifelhaften Art von Vergnügen bringt. Er wird einer der Menschen, die ein Buch nach dem anderen verschlingen und an Seminaren teilnehmen, die ihn lehren, wie er seine Zeit effektiver gestalten könne. Wozu? Damit er um so effektiver Aufgaben erledigen kann, die ihm wiederum größere Befriedigung verschaffen.

Er gehört in die Kategorie Menschen, die das Leben nur in der Form von »Resultaten« betrachtet. Auf diese Art und Weise hat er wenig Verständnis für den ganzen *Prozeß*, der ja erst zum Resultat führt. Solch ein

Mensch würde am liebsten mit Überschallgeschwindigkeit von New York nach Los Angeles fliegen; denn mit Normalgeschwindigkeit über die Berge von Pennsylvanien, durch die goldenen Weizenfelder in Iowa und Nebraska, die furchteinflößenden Rocky Mountains und die Wüsten von Utah und Nevada zu reisen, wäre nur ein schrecklicher Zeitverlust. Bei Ankunft in Los Angeles nach einem kurzen, zweistündigen Flug wäre dieser Mensch sehr verärgert, wenn das Flugzeug vier Minuten zuviel zum Anlegen an den Flugsteig benötigte. Denn die Ankunft bedeutet diesem erfolgsorientierten Menschen alles, der Weg dahin nichts.

2. *Ein getriebener Mensch beschäftigt sich vorwiegend mit den Symbolen der Selbstbestätigung.* Normalerweise ist ihm der Weg zur Macht bekannt; er möchte diese Macht ergreifen und sie ausüben. Das bedeutet, daß ihm die Statussymbole vertraut sind: Titel, Größe und Lage des Büros, Positionen in der Organisationsstruktur und besondere Privilegien.

In einem Zustand des Getriebenseins ist man normalerweise auch um seinen Ruf besorgt. Wer, so fragt sich der getriebene Mensch, erkennt, was ich alles tue? Wie kann ich bessere Verbindungen mit den »Großen« meiner Welt knüpfen? Diese Fragen beschäftigen den getriebenen Menschen häufig.

3. *Ein getriebener Mensch ist meistens dem unkontrollierten Drang zur Größe verfallen.* Getriebene Menschen wollen an etwas teilhaben, das ständig wächst und mehr Erfolg bringt. Sie sind ständig auf der Suche nach den größten und besten Angeboten. Sie nehmen sich selten Zeit, um die Erfolgserlebnisse zu verarbeiten.

Der englische Prediger des 19. Jahrhunderts, Charles Spurgeon, sagte einmal:

> »Erfolg setzt den Menschen dem Druck der Leute aus und bringt ihn so in Versuchung, das Erreichte mit fleischlichen Methoden und Praktiken zu sichern und sich so völlig von den diktatorischen Forderungen ständigen Wachstums beherrschen zu lassen. Erfolg kann mir zu Kopf steigen und meinen Willen beherrschen, wenn ich mich nicht daran erinnere, daß Gott selbst das Werk vollbracht hat, daß er es auch ohne meine Hilfe vollbringen könnte, und daß er es jederzeit mit anderen Mitteln fortsetzen könnte, wenn er mich ausschalten wollte.«[2]

Dieses unglückliche Prinzip kann man sehen, wenn man so manche Karriere verfolgt. Aber man kann es auch in Verbindung mit geistlicher Aktivität entdecken, denn da gibt es den »geistlich« getriebenen Menschen, der sich niemals mit dem zufrieden gibt, wer er ist und was er im religiösen

Bereich alles tut. Das bedeutet natürlich auch, daß er die Menschen in seiner Umgebung genauso behandelt. Er gibt sich selten mit dem Fortschritt seiner Mitarbeiter oder seiner Untergebenen zufrieden. Er lebt ständig in einem Zustand der Unruhe und Rastlosigkeit, auf der Suche nach effektiveren Methoden, besseren Resultaten und tieferen geistlichen Erfahrungen. Und in der Regel gibt es kein Anzeichen dafür, daß er jemals zufrieden mit sich oder den anderen sein wird.

4. *Getriebene Menschen sind meist wenig besorgt um moralische Integrität.* Sie können so mit Erfolg und Zielerfüllung beschäftigt sein, daß ihnen wenig Zeit bleibt, innezuhalten und sich die Frage zu stellen, ob ihr Innenleben noch mit dem äußeren Prozeß Schritt halten kann. In der Regel ist das nicht der Fall, und die Kluft wird immer größer; die Integrität erleidet Schiffbruch. Solche Menschen werden oft zunehmend falsch; sie betrügen nicht nur andere, sondern auch sich selbst. In dem Versuch, ohne Rücksicht auf Verluste vorwärtszukommen, machen sie sich wegen ihrer Motive etwas vor; sie schließen Kompromisse in bezug auf Werte und Moral. Der schnelle Weg zum Erfolg wird zum Lebensstil. Weil das Ziel so wichtig ist, sinken ihre ethischen Maßstäbe auf ein Niveau herab, das von Gemeinheit bestimmt ist. Getriebene Menschen werden erschreckend pragmatisch.

5. *Getriebene Menschen haben oft nur begrenzte oder unterentwickelte menschliche Werte.* Sie fallen nicht gerade wegen ihres freundlichen Umgangs mit anderen auf, sondern Pläne sind wichtiger als Menschen. Da sie so ziel- und zweckorientiert sind, nehmen sie ihre Mitmenschen kaum wahr, außer, wenn diese einem ihrer Ziele nützlich sein könnten. Scheinen andere nicht nützlich zu sein, werden sie oft als Hindernisse oder Konkurrenten bei der Erfüllung einer Aufgabe angesehen.

Im Kielwasser des getriebenen Menschen bleiben andere oft auf der Strecke. Wo man den Getriebenen für seine scheinbar großen Leiterqualitäten lobte, wächst bald immer mehr Frustration und Feindschaft, denn jeder erkennt, daß sich der getriebene Mensch wenig um die Gesundheit und das Wachstum der Menschheit kümmert. Jedermann sieht: da ist sein unabänderlicher Terminkalender, und der kommt vor allem anderen. Kollegen und Untergebene im Umkreis des getriebenen Menschen entfernen sich allmählich, einer nach dem anderen, erschöpft, ausgebeutet und desillusioniert. Von solch einem Menschen sagen wir dann natürlich: »Es ist schrecklich, mit ihm zu arbeiten; aber er hat viel Erfolg.«

Und das ist der wunde Punkt. Er hat Erfolg, aber auf dem Weg dahin kann er Menschenleben zerstören. Das ist nicht gerade eine schöne Vorstellung. Aber das Merkwürdige ist, und man kann es nicht ignorieren, daß man in beinahe jeder großen Organisation solche Menschen finden kann, seien sie nun religiös oder weltlich. Und obwohl man schon im Ansatz erkennt, daß sie Beziehungen zerstören, sind sie häufig unabkömmlich.

6. *Getriebene Menschen neigen dazu, Positionskämpfe auszutragen.* Jede Anstrengung ist ihnen ein Spiel auf Leben und Tod. Der getriebene Mensch muß natürlich gewinnen und vor anderen gut dastehen. Je mehr er getrieben wird, desto mehr steht auf dem Spiel. Der Gewinn nämlich liefert dem getriebenen Menschen den unerläßlichen Beweis, daß er im Recht, wertvoll und wichtig ist. So sieht er vermutlich andere als Konkurrenten oder Feinde, die bis zum Ziel überwunden, vielleicht sogar gedemütigt werden müssen.

7. *In einem getriebenen Menschen liegt oft eine vulkanische Kraft zum Ärger* verborgen, die jederzeit zum Ausbruch kommen kann, sobald er Widerstand oder Treulosigkeit verspürt. Dieser Ärger kann ausgelöst werden, wenn jemand eine andere Meinung hat, einen Alternativvorschlag zu einem Problem macht oder auch nur die leiseste Kritik äußert.

Ärger muß sich nicht durch körperliche Brutalität äußern, kann aber Formen verbalen Terrors annehmen: zum Beispiel Fluchen oder demütigende Beschimpfungen. Solcher Ärger kann sich durch rachsüchtiges Verhalten äußern: Leute werden entlassen, werden vor Mitarbeitern verleumdet, oder es werden ihnen Dinge vorenthalten, die sie erwartet hatten, wie Zuneigung, Geld oder sogar Kameradschaft. Einer meiner Freunde erzählte mir, wie er mit einigen Mitarbeitern im Büro saß, als eine der leitenden Angestellten, die bereits seit 15 Jahren für die Firma tätig war, eine Woche Urlaub erbat, um ihr krankes Baby versorgen zu können. Der Chef schlug ihre Bitte ab, und sie fing an zu weinen. Als er sich umwandte und ihre Tränen bemerkte, stieß er wütend hervor: »Räumen Sie Ihren Tisch auf und hauen Sie ab; ihre Hilfe benötige ich sowieso nicht.« Nachdem sie den Raum verlassen hatte, wandte er sich den erschrockenen Kollegen zu und sagte: »Damit es nur klar ist: Sie sind hier alle nur aus dem einen Grunde: um mir Geld einzubringen. Und wenn Sie das nicht wollen, dann hauen Sie sofort ab!«

Tragischerweise nehmen viele gute Menschen im Umfeld eines getriebenen Mannes solchen Ärger ohne Zögern in Kauf, obwohl es sie sehr schmerzt. Doch sie denken, daß der Chef oder der Leiter dafür sorgt, daß die Arbeit erledigt wird, daß er ein von Gott gesegneter Mann ist, oder daß niemand den Erfolg bestreiten kann. Manchmal werden der Ärger und seine schrecklichen Folgen einfach in Kauf genommen, weil niemand den Mut oder die Fähigkeit hat, dem getriebenen Menschen die Stirn zu bieten.

Kürzlich erzählte mir jemand, der im Vorstand einer bedeutenden christlichen Organisation war, von Auseinandersetzungen mit dem Geschäftsführer, die von Wutausbrüchen und Schimpfkanonaden begleitet wurden. Als ich mich erkundigte, warum die Vorstandsmitglieder derartiges Benehmen, das er häufig an den Tag legte und wofür er sich keineswegs entschuldigte, hinnahmen, sagte der Vorstand: »Ich glaube, wir waren so beeindruckt von der Art und Weise, wie Gott ihn in seinem öffentlichen Dienst zu gebrauchen schien, daß wir ihm ungern widersprachen.«

Gibt es nun noch etwas Wissenswertes über den getriebenen Menschen zu sagen, der nun schon in einem so schlechten Licht steht? Ja, noch eines:

8. *Getriebene Menschen sind in der Regel maßlos geschäftig.* Sie sind meist zu beschäftigt, um normale Beziehungen in der Ehe, Familie, im Bekanntenkreis oder sogar mit sich selbst aufrechtzuerhalten — von einer Beziehung zu Gott ganz zu schweigen. Da getriebene Menschen das Empfinden, genug getan zu haben, kaum kennen, ergreifen sie jede Gelegenheit, um an noch mehr Treffen teilzunehmen, noch mehr Fachliteratur zu lesen, noch mehr Pläne zu entwerfen. Sie handeln nach der Regel, daß der Ruf, ein Vielbeschäftigter zu sein, ein Zeichen für Erfolg und persönliche Wichtigkeit ist. Auf diese Art wollen sie Leute mit ihrem vollen Terminkalender beeindrucken. Womöglich sind sie dabei noch voller Selbstmitleid, ächzen unter dem Joch ihrer angeblich so großen Verantwortung und fragen jedermann, ob es keine Möglichkeit für sie gäbe, aus diesem ganzen Schema auszubrechen. Aber versuche doch einmal, ihnen einen Ausweg vorzuschlagen!

Das Schlimmste, was diesen Menschen passieren könnte, wäre in der Tat, wenn ihnen wirklich jemand einen Ausweg zeigte. Wenn sie auf einmal viel weniger zu tun hätten, wüßten sie nämlich nicht, was sie mit sich anfangen sollten. Geschäftigkeit wird für getriebene Menschen zur Gewohnheit, zum Lebensstil, durchsetzt ihr gesamtes Denken. Es macht ihnen fast Freude, sich zu beschweren und um Mitleid zu heischen. Ansonsten würden sie sich vermutlich schlecht fühlen. Aber erzähle das einmal einem getriebenen Menschen — er wird außer sich sein.

Das gehört also alles zu einem getriebenen Menschen — nicht gerade ein erfreuliches Bild. Was mich oft stört, wenn ich dieses Bild betrachte, ist, daß vieles in unserer Welt von getriebenen Menschen gesteuert wird. Wir haben ein System geschaffen, das auf sie zugeschnitten ist. Und da, wo sie im Geschäftsleben, in Kirchen und Familien am Werk sind, bleibt häufig das Wachstum von Menschen zugunsten ihrer Planerfüllung und Überarbeitung auf der Strecke.

Pfarrer, die getriebene Menschen sind, haben Scharen von haupt- und nebenamtlichen Mitarbeitern verheizt, weil sie Organisationen vorstehen wollten, die die größten, besten und bekanntesten sind. Es gibt auch Geschäftsleute, die behaupten, sie seien Christen, und die in der Kirche den

Ruf haben, gütig zu sein, im Geschäft allerdings skrupellos handeln, Leute herumjagen und ihnen die letzte Energie rauben, um selber den Gewinn einzuheimsen oder sich einen guten Ruf zu verschaffen.

Kürzlich wurde ein Geschäftsmann durch das Zeugnis eines Laien, der ein guter Freund von mir ist, zum Christen. Kurz nachdem er die Entscheidung getroffen hatte, Jesus Christus nachzufolgen, schrieb er meinem Freund, der ihn zum Glauben geführt hatte, einen ausführlichen Brief. Er beschrieb darin einige seiner Kämpfe, die Folge seiner gehetzten Verfassung waren. Ich bat darum, den Brief teilweise veröffentlichen zu dürfen, weil er ein so anschauliches Bild dieses getriebenen Mannes zeigt. Er schrieb:

> »Vor einigen Jahren hatte sich in meinem Leben eine große Frustration breitgemacht. Obwohl ich eine wunderbare Frau und drei liebe Söhne hatte, ging es mit meiner Karriere bergab. Ich besaß wenig Freunde. Mein ältester Sohn geriet in Schwierigkeiten — er wurde in der Schule immer schlechter. Ich litt an Depressionen, meine Familie war oft unglücklich und lebte unter großen Spannungen. Während dieser Zeit hatte ich die Möglichkeit, nach Übersee zu reisen, wo ich für ein ausländisches Unternehmen arbeitete. Es war für meinen Verdienst wie für meine Karriere eine derart günstige Gelegenheit, daß ich ihr den ersten Platz in meinem Leben einräumte und alle anderen Werte mißachtete. Ich tat viele ungute Dinge (d. h. Sünden), um in meiner Stellung und in meinem Erfolg voranzukommen. Ich rechtfertigte mich damit, daß es nur positive Konsequenzen für meine Familie hätte (größeres Einkommen usw.), belog mich und meine Familie und machte vieles verkehrt.
> Natürlich war das für meine Frau unerträglich, und sie kehrte mit den Kindern in die USA zurück. Trotz alledem erkannte ich nicht die vielen Probleme, die in mir lagen. Mein Erfolg, mein Einkommen, meine Karriere — alles ging die Leiter hinauf. Ich *war in einem goldenen Käfig gefangen . . .*
> Obwohl mir äußerlich viel Positives zuteil wurde, verlor ich innerlich alles. Meine Fähigkeit, nachzudenken und Entscheidungen zu treffen, war beeinträchtigt. Ich war ständig dabei, Alternativen und Möglichkeiten zu bewerten, und suchte mir dann die heraus, die den größten Erfolg und die beste Karriere versprachen. In meinem Herzen spürte ich, daß etwas vollkommen verkehrt lief. Ich ging zwar zur Kirche, aber die Predigten konnten mein Herz nicht erreichen. Ich war zu sehr in meiner eigenen Welt gefangen.
> Nach einer schrecklichen Familienszene durchbrach ich die Gefängnismauern meiner Gedanken und zog mich neun Tage

> lang in ein Hotelzimmer zurück, um herauszufinden, was ich tun sollte. Je mehr ich nachdachte, desto schwieriger wurde alles für mich. Ich begann zu begreifen, wie tot ich in Wirklichkeit war, wieviel Dunkelheit in meinem Leben herrschte. Und das Schlimmste von allem: ich sah keinen Ausweg. Meine einzige Lösung war, fortzurennen und mich zu verstecken, an einem anderen Ort neu anzufangen, alle Verbindungen abzubrechen.«

Diese brutale Beschreibung eines Mannes, der am Boden war, hat glücklicherweise einen positiven Ausgang. Denn bald nach dieser neuntägigen Erfahrung im Hotelzimmer entdeckte er Gottes Liebe und seine Fähigkeit, sein Leben völlig zu verändern. So wurde aus einem getriebenen Mann das, was wir im nächsten Kapitel einen *berufenen Menschen* nennen. Er konnte seinem goldenen Käfig entfliehen.

In der Bibel gibt es kaum ein besseres Beispiel für einen getriebenen Menschen als Saul, den ersten König Israels. Im Gegensatz zu der vorigen Geschichte, die einen positiven Ausgang hatte, ging diese sehr schlecht aus; denn Saul konnte seinem goldenen Käfig niemals entfliehen. Er lud lediglich ständig neuen und größeren Streß auf sich, unter dem er dann schließlich auch zusammenbrach.

Die Art und Weise, wie Saul in der Bibel vorgestellt wird, sollte bereits eine Warnung sein, daß dieser Mann wegen einiger Schwachpunkte bald die Kontrolle über sich selbst verlieren würde, es sei denn, sie würden in seinem Seelenleben verändert.

> »Es war ein Mann von Benjamin, mit Namen Kis, ein Sohn Abiels, des Sohnes Zerors, des Sohnes Bechorats, des Sohnes Aphias, des Sohnes eines Benjaminiters, ein angesehener Mann. Der hatte einen Sohn mit Namen Saul; der war ein junger, schöner Mann, und es war niemand unter den Israeliten so schön wie er, eines Haupts länger als alles Volk« (1. Samuel 9,1-2).

Saul wies zu Beginn seines Lebens in der Öffentlichkeit drei unverdiente Merkmale auf, die sich entweder zu Werten oder zu ernsthaften Verhängnissen entwickeln könnten. Diese Entwicklung lag allein in seinen Händen. Und die Grundlage für Sauls Entscheidungen war die tägliche Ordnung seines Innenlebens.

Welche drei Eigenschaften waren dies? Erstens Wohlstand; zweitens eine attraktive Erscheinung; und drittens ein schöner, wohlgeformter Körper. Das waren alles Äußerlichkeiten. Anders ausgedrückt, hinterließ Saul als ersten Eindruck den eines Mannes, der ein besserer war als die anderen. Alle drei Merkmale machten ihn anziehend und ließen ihn viele Vorteile genießen. (Jedesmal, wenn ich an Sauls natürliche Gaben denke, muß ich mich an den Bankpräsidenten erinnern, der mir vor einigen Jahren sagte: »MacDonald, Sie könnten geschäftlich gut aufsteigen, wenn Sie nur 15 Zentimeter größer wären.«) Und vor allem verliehen sie ihm eine Art natürlicher Ausstrahlung, was ihm einigen frühen Erfolg verschaffte, ohne daß er dafür ein weises oder geistliches Herz entwickeln mußte. Er war einfach ein Aufsteiger.

Wenn wir die Geschichte Sauls in der Bibel weiterverfolgen, lernen wir noch einige andere Dinge über ihn, die entweder zu seinem Erfolg oder zu seinem schließlichen Versagen beigetragen haben. So wird uns beispielsweise berichtet, daß er sich gut auszudrücken wußte. Sobald ihm nur eine Gelegenheit geboten wurde, vor einer Menge zu sprechen, ergriff er das Wort. Die Bahn war frei für einen Mann, der Macht entfaltete und Anerkennung verdiente, ohne jemals einen Sinn für ein ausgeprägtes Innenleben entwickeln zu müssen. Und gerade darin lag die Gefahr.

Als Saul König von Israel wurde, genoß er den plötzlichen Erfolg zu sehr. Offenbar wurde er blind für jegliche Begrenzung in seinem Leben. Er nahm sich wenig Zeit, um darüber nachzudenken, daß er andere Menschen brauchte, wie er eine Verbindung zu Gott aufbauen könnte, oder auch wie er seine Verantwortung gegenüber den Menschen wahrnehmen sollte, über die er herrschte. Anzeichen von Getriebenwerden wurden deutlich.

Saul wurde ein beschäftigter Mann; er sah Welten, die er glaubte erobern zu müssen. Als ihm eine Schlacht gegen die Philister bevorstand, Israels großen Feind des Tages, und er in Gilgal auf den Propheten Samuel wartete, der die nötigen Opfer darbringen sollte, wurde er zunehmend ungeduldig und nervös, weil der heilige Mann nicht pünktlich erschien. Saul merkte, daß sein Zeitplan nicht eingehalten wurde; er mußte weiterkommen. Die Lösung? Selbst das Opfer darbringen. Und genau das tat er.

Das Resultat? Ein äußerst schwerwiegender Bruch seines Bundes mit Gott. Opfer darzubringen, war Aufgabe eines Propheten wie Samuel, nicht die eines Königs wie Saul. Aber Saul hatte das vergessen, weil er sich zu wichtig nahm.

Von da an ging es mit ihm bergab. »Aber nun wird dein Königtum nicht bestehen. Der Herr hat sich einen Mann gesucht nach seinem Herzen« (1. Samuel 13,14). So enden die meisten getriebenen Menschen.

Des Segens und des Beistandes beraubt, die Gott ihm bis dahin gewährt hatte, kam Sauls Getriebensein immer deutlicher zum Vorschein. Bald verwandte er all seine Energie darauf, seinen Thron zu verteidigen; er konkurrierte mit dem jungen David, der das Herz des Volkes Israel erobert hatte.

Die Bibel gibt einige Beispiele von Sauls heftigen Wutausbrüchen, die ihn bald zur Raserei, bald in lähmendes Selbstmitleid versetzten. An seinem Lebensende war er ein Mann ohne Kontrolle über sich selbst, der hinter jedem Strauch einen Feind sah. Warum? Weil Saul von Anfang an ein getriebener Mann war, der niemals darauf geachtet hatte, seine Verborgene Welt zu ordnen.

Ich frage mich, wie hoch wohl Sauls Punktezahl auf der Holmes'schen Streßskala gewesen wäre. Vermutlich hätte sie sich in der Größenordnung der Schlag- und Herzanfallpatienten bewegt. Aber Saul bekam sein Getriebensein nie in den Griff, weder durch etwas Ähnliches wie eine Streßskala noch durch ein einfaches Eingehen auf die tadelnde Stimme seines Gewissens, auf die er nach Gottes Willen in seinem Innenleben hätte hören sollen. Saul wäre nicht lange einer der zwölf Jünger geblieben, die Jesus erwählte. Seine eigenen Zwänge waren viel zu stark ausgeprägt. Das, was ihn dazu getrieben hatte, nach Macht zu streben und sie nicht mehr loszulassen, was ihn dazu getrieben hatte, sich gegen seine treuesten Anhänger zu stellen, und das, was ihn dazu gebracht hatte, eine ganze Reihe unweiser Entscheidungen zu fällen, führte ihn schließlich in einen erniedrigenden Tod. Er war der typische getriebene Mensch.

In dem Maß, wie wir ihn in uns selbst wiedererkennen, müssen wir an unserer Verborgenen Welt arbeiten. Denn ein mit unerlösten Trieben belastetes Innenleben wird nicht in der Lage sein, die Stimme Christi zu vernehmen, wenn er beruft. Der Lärm und der Schmerz, die Streß verursachen, werden zu laut und zu groß sein.

Leider gibt es in unserer Gesellschaft viel zu viele Sauls, Männer und Frauen, die in goldenen Käfigen gefangen sind, getrieben zum Weitermachen, zum Anerkanntsein, zur Leistung. Auch in unseren Kirchen wimmelt es von diesen getriebenen Menschen. Viele Gemeinden sind nur noch ausgetrocknete Brunnen. Anstatt Quellen lebenspendender Energie zu sein, die Menschen wachsen und fröhlich Gottes Straße ziehen lassen, werden sie zu Streßquellen. Die Verborgene Welt eines getriebenen Menschen ist in Unordnung geraten. Sein Käfig mag aus reinem Gold bestehen; aber er ist eine Falle, es befindet sich nichts darin, was bleibenden Wert hätte.

Anmerkung für Desorganisierte

Wenn meine Verborgene Welt in Ordnung ist,
dann deshalb, weil ich das Problem, das mich treibt,
angehe und still auf Jesu Berufung warte.

Kapitel 4

Die tragische Geschichte eines erfolgreichen Taugenichts

Als das Ehepaar zum ersten von mehreren Besuchen in meine Praxis kam, nahmen sie auf den Stühlen Platz, die am weitesten entfernt waren. Offensichtlich konnten sie einander nicht ausstehen, zumindest im Moment. Und dennoch war der Terminkalender die Rettung ihrer Ehe.

Ich erfuhr, daß sie den Wunsch hatte, er solle das Haus verlassen. Als ich nach dem Grund fragte, meinte sie, dies sei die einzige Möglichkeit, um überhaupt Frieden und ein normales Familienleben zu haben. Da war keine Untreue, kein Streit. Sie wollte nur nicht den Rest ihres Lebens mit ihm verbringen, da er ein zu ausgeprägtes Temperament und verdrehte Maßstäbe hatte.

Aber er wollte überhaupt nicht ausziehen. Im Gegenteil, er berichtete, ihre Entscheidung habe ihm einen Schock versetzt. Er sorge immerhin treu für den Unterhalt seiner Familie; ihr Haus war relativ geräumig und in einem guten Viertel gelegen. Die Kinder bekamen alles, was sie wollten. Er konnte gar nicht begreifen, warum sie sich scheiden lassen wollte. Immerhin seien sie ja auch Christen. Er hatte immer gedacht, Christen glaubten nicht an Scheidung oder Trennung. Ob ich wohl ihr Problem lösen könne?

Langsam kam die Geschichte heraus. Mir wurde klar, daß ich es hier mit solch einem getriebenen Mann und seiner Frau zu tun hatte. Das Getriebensein ging auf Kosten seiner Ehe, seiner Familie und seiner körperlichen Gesundheit. Daß ihre Ehe buchstäblich kaputt war, konnte ich bereits an ihrer Körpersprache erkennen. Daß die Familie ruiniert war, konnte ich den Beschreibungen des Verhaltens ihrer Kinder entnehmen. Auch seine Gesundheit war deutlich gefährdet; er erzählte mir von einer Menge Geschwüren, Migräneanfällen und gelegentlich auftretenden Brustschmerzen. Die Geschichte wurde immer klarer.

Da er eine eigene Firma besaß, konnte er selbst seine Arbeitszeit bestimmen: 19—20 Stunden pro Tag. Da er sich eine derart hohe Verantwortung aufgebürdet hatte, fand er kaum Zeit, sich um seine Kinder zu kümmern. In der Regel verließ er morgens vor dem Aufstehen der anderen das Haus und kehrte selten zurück, bevor der jüngste Sohn abends ins Bett mußte. War er einmal zum Essen anwesend, wirkte er mürrisch und abwesend. Häufig klingelte während des Essens das Telefon für ihn, wodurch er dann für eine Stunde nicht mehr zu sehen war, weil er irgendein Problem besprechen oder mit jemandem einen Vertrag schließen mußte.

Er gab zu, in Konfliktsituationen leicht aufzubrausen; im Bekanntenkreis konnte er verletzend und einschüchternd sein. Im sozialen Leben langweilten ihn die Unterhaltungen. Er neigte dazu, sich zurückzuziehen und zu viel zu trinken. Als ich ihn nach seinen Freunden fragte, konnte er mir nur Geschäftspartner nennen. Und als ich ihn fragte, was außer der Arbeit noch für ihn zählte, fielen ihm nur sein Sportwagen, sein Boot und sein Stadionabonnement für die Fußballsaison ein — Dinge, nicht Menschen, für die er — Ironie des Schicksals! — meist zu beschäftigt war, um sie überhaupt genießen zu können.

Die Verborgene Welt dieses Mannes war fast total in Unordnung. Es kam ihm nur auf Äußerlichkeiten an. Er ließ sein Leben einzig und allein von Aktivitäten und Geld bestimmen. Er konnte gar nicht genug arbeiten; er konnte nicht genug verdienen, um endlich zufrieden zu sein. Alles mußte größer, besser und eindrucksvoller sein. Was trieb ihn nur? Konnte es in seiner Verborgenen Welt überhaupt jemals eine Ordnung geben?

Nach einigen Gesprächen stieß ich endlich auf die gewaltige Energiequelle, welche diesen Mann zu einem Lebensstil trieb, der alles um ihn herum zerstörte. Mitten im Gespräch sprach ich ihn plötzlich auf seinen Vater an. Sofort veränderte sich seine Stimmung. Jedermann hätte gespürt, daß ich da auf ein höchst delikates Problem gestoßen war.

Allmählich kam heraus, daß er große Schwierigkeiten mit seinem Vater gehabt hatte. Dieser war, so erfuhr ich, ein äußerst sarkastischer Mensch gewesen, der sich gern über andere lustig machte. Er hatte seinem Sohn regelmäßig eingetrichtert: »Du bist und bleibst ein Taugenichts; aus dir wird nie etwas!« Das war ihm so oft eingehämmert worden, daß diese Worte wie eine Neonreklame in der Verborgenen Welt dieses jungen Mannes aufleuchteten.

Hier saß nun ein Mann, inzwischen in den frühen Vierzigern, der unbewußt ein lebenslanges Gelübde abgelegt hatte. Er hatte sich geschworen, seinem Vater das Gegenteil zu beweisen. Irgendwie würde er es fertigbringen, den unanfechtbaren Beweis zu erbringen, *daß er kein Taugenichts war.* Ohne daß er etwas davon merkte, wurde dies zu seiner größten Sorge.

Da der Status eines »Erfolgsmenschen« mit harter Arbeit, Wohlstand und hohem Einkommen verbunden ist, formten diese Werte das Denken dieses getriebenen Mannes. Er wollte beweisen, daß er hart arbeiten konnte, indem er eine Firma leitete und diese ganz groß in die Gelben Seiten setzte. Er wollte sichergehen, damit hohen Gewinn zu erzielen, auch wenn er einen Teil des Geldes auf schmutzige Art und Weise verdiente. Das riesige Haus, der Sportwagen, das Logenabonnement im Stadion würden der väterlichen Behauptung den Gegenbeweis erbringen. Aus diesem Grunde wurde mein Besucher zu einem getriebenen Menschen, getrieben, seines Vaters Respekt und Liebe zu erringen.

Da alle seine Ziele im Grunde Äußerlichkeiten waren, hatte er es nicht nötig, das Innenleben zu kultivieren. Bekanntschaften waren unwichtig; Gewinnen war von Bedeutung. Seelische Gesundheit zählte nicht; physische Kraft dagegen sehr. Ruhe war unnötig; mehr Zeit zum Arbeiten war vonnöten. Wissen und Weisheit bedeuteten ihm nichts; Verkaufstechniken und Produktentwicklung dafür um so mehr.

Er behauptete, daß dies alles ein Teil seines Wunsches sei, für seine Familie zu sorgen. Allmählich fanden wir gemeinsam heraus, daß er in Wirklichkeit versuchte, die Anerkennung und Bestätigung seines Vaters zu erlangen. Er wollte endlich von seinem Vater die Bestätigung hören. »Sohn, du bist kein Taugenichts; ich habe mich total getäuscht.«

Das merkwürdige an der Geschichte war nur, daß der unersättliche Vater schon vor einigen Jahren gestorben war. Und obwohl der Sohn bereits in der Mitte seines Lebens stand, hörte er nicht auf, zu arbeiten, um diese Anerkennung zu bekommen. Was anfänglich ein Ziel gewesen war, wurde zu einer Lebensgewohnheit, mit der er nicht mehr brechen konnte.

Warum sind Menschen so getrieben?

Warum machen so viele Leute den Eindruck, getrieben zu sein? Mein Freund ist ein extremes Beispiel für einen der vielen Gründe. Er ist einer der Menschen, die in einer *Umgebung aufgewachsen sind, wo er niemals gelobt wurde.* Wenn Anerkennung und Bestätigung fehlen, ist es nur normal, daß dieser nach Anerkennung suchende Mensch den Schluß zieht, daß mehr Arbeit, mehr Statussymbole oder mehr weltlicher Ruhm den Vater, der nie ein Lob über die Lippen brachte, schließlich dazu bringen werde, zu sagen: »Sohn (Tochter), du bist doch kein Taugenichts; ich bin mächtig stolz darauf, dein Vater zu sein.«

Viele Menschen in leitenden Stellungen haben einen derartigen Hintergrund und solch eine Unsicherheit gemeinsam. Manche Leiter scheinen gütige Menschen zu sein, die gute Taten vollbringen und für selbstloses Handeln bekannt sind; in Wirklichkeit aber kann es sein, daß sie von der Hoffnung getrieben werden, die Anerkennung und Bestätigung irgendeiner für sie wichtigen Person ihrer Vergangenheit zu erlangen. Erreichen sie das nicht, entwickeln sie einen unstillbaren Durst nach Beifall, Wohlstand oder Macht aus anderen Quellen, um zu versuchen, den Verlust auszugleichen. Aber diese Genugtuung wird nur allzu selten erlangt. Der Grund: man sucht in Äußerlichkeiten; das Innenleben bleibt leer und unbefriedigt. Die Ursache, d. h. die Verletzung, liegt aber in der Verborgenen Welt.

Ein anderer Grund zum Getriebensein ist die *frühzeitige Erfahrung von bitterer Entbehrung oder Schande.* In seinem Buch *»Creative Suffering«* (»Kreatives Leiden«) (New York, Harper & Row, 1983) weist Paul Tournier darauf hin, daß eine erstaunliche Anzahl politisch Verantwortlicher der ganzen Welt durch die vergangenen Jahrhunderte Waise gewesen seien. Da sie ohne elterliche Liebe und emotionelle Nähe aufgewachsen waren, suchten sie vermutlich einen Ausgleich in der »Umgebung einer Menschenmenge«. Hinter ihrem ausgeprägten Machtstreben verbirgt sich vermutlich der einfache Wunsch nach Liebe. Und anstatt diese fehlende Liebe durch das Ordnen ihres Innenlebens auszugleichen, haben sie den Weg der Äußerlichkeiten eingeschlagen.

Es kann auch vorkommen, daß getriebene Menschen von einem Hintergrund herkommen, in dem Schande und Verlegenheit an der Tagesordnung waren. In seinem bemerkenswert aufrichtigen Buch *»The Man Who Could Do No Wrong«* (»Der Mann, der keine Fehler begehen konnte«) (Lincoln, Va.: Chosen Books, 1981) beschreibt Pfarrer Charles Blair seine Kindheit während der Wirtschaftskrise in Oklahoma. Schmerzlich erinnert er sich daran, wie er täglich die vom Staat kostenlos bereitgestellte Milch vom örtlichen Feuerwehrhaus nach Hause schleppen mußte. Immer wenn er den Milcheimer die Straße entlangtrug, mußte er den beißenden Spott seiner Altersgenossen über sich ergehen lassen. Während er solche Momente durchlitt, beschloß er, eines Tages —symbolisch gesehen — keinen Milcheimer mehr zu schleppen, der ihm immer das Gefühl vermittelte, wertlos zu sein.

Blair erzählt weiter die Geschichte eines unvergeßlichen Heimwegs von der Schule, wo er neben einem Mädchen herging, für das er starke Gefühle empfand. Plötzlich kam ihnen ein Junge auf seinem neuen, glänzenden Fahrrad entgegen, hielt neben ihnen und bot dem Mädchen an, mitzufahren. Ohne zu zögern, schwang sie sich auf den Gepäckträger, fuhr mit dem Jungen davon und ließ Blair einfach stehen. Auf diese Erniedrigung hin beschloß Blair im stillen, daß *er* eines Tages auch so etwas wie ein glänzendes Fahrrad besäße, daß *er* alle nötigen Mittel hätte, um bei anderen Eindruck zu schinden und ihre Aufmerksamkeit und Loyalität zu wecken.

Und diese Vorsätze zeichneten bereits seinen Lebensweg vor. Sie wurden zur Quelle seines Getriebenseins, die ihn schließlich, aus eigener Schuld, im Stich ließ. Später mußten es dann die neuesten Automodelle sein, er mußte die schönste und größte Gemeinde leiten, die modischste Kleidung tragen. Denn all diese Dinge waren der Beweis dafür, daß er aus der Oklahoma-Wirtschaftskrise einen Ausweg gefunden hatte. Er war nicht mehr wertlos; er war kein armer Schlucker mehr. Er konnte es allen beweisen: Schaut alle her, was aus mir geworden ist!

Charles Blair rannte vor etwas weg, was bedeutet, daß er etwas Neuem entgegenlief. Obwohl sich sein Getriebensein hinter allen möglichen beeindruckenden geistlichen Motiven versteckte, und obwohl er sein geistliches Amt äußerst effektiv ausfüllte, gab es in seinem Herzen nicht verheilte Verletzungen aus seiner Vergangenheit. Und weil diese Verletzungen eine Quelle der Unordnung in seiner Verborgenen Welt blieben, quälten sie ihn ständig weiter. Sie nahmen Einfluß auf seine Entscheidungen und Maßstäbe und machten ihn blind für das, was in einem entscheidenden Augenblick seines Lebens vorging. Das Ergebnis? Die totale Katastrophe. Versagen, peinliche Verlegenheit und öffentliche Erniedrigung.

Aber es muß hinzugefügt werden, daß Blair eine Umkehr erlebte. Es gibt also Hoffnung für alle Getriebenen. Es ist möglich, von diesem Getriebensein loszukommen! Charles Blair, früher ein *getriebener* Mann, der versuchte, seine Schande loszuwerden, ist heute ein *berufener* Mann, und er verdient die Bewunderung seiner Freunde. Für mich ist sein Buch eines der bedeutendsten, die ich je gelesen habe. Es sollte Pflichtlektüre für jeden Leiter und jede Leiterin sein.

Zuletzt gibt es noch die *Menschen, die einfach in einer Umgebung aufgewachsen sind, in der Getriebensein der herrschende Lebensstil war.* In dem Buch *»Wealth Addiction«* (»Wohlstandssucht«) beleuchtet Philip Slater den jeweiligen Hintergrund einiger Milliardäre von heute. In beinahe jeder Darstellung gibt es Hinweise darauf, daß diese Milliardäre sich als Kinder einen Spaß daraus machten, Dinge anzuhäufen und Menschen zu beherrschen. Ihre Spiele waren kaum auf einfachen Spaß oder pures Training ausgerichtet. Das einzige, was sie wußten, war, wie man gewinnt und ein Ziel erreicht. Sie imitierten dabei lediglich ihre Eltern und nahmen an, daß dies zum Leben gehört. Und so entwickelte sich frühzeitig der Trieb, reich und mächtig zu werden.

Solchen Menschen bedeutet ein geordnetes Innenleben kaum etwas. Ihre Aufmerksamkeit ist auf die Öffentlichkeit gerichtet, wo Dinge gemessen, bewundert und gebraucht werden.

Natürlich kommen getriebene Menschen noch aus anderen Verhältnissen, und ich habe nur einige wenige Beispiele angeführt. Aber eines ist allen gemeinsam: getriebene Menschen werden niemals die Ruhe einer geordneten Inneren Welt erleben. Ihre Hauptziele sind alle äußerlich, materiell und meßbar. Nichts sonst erscheint real; nichts sonst hat einen Sinn, alles muß festgehalten werden, wie Saul es tat, der Macht wichtiger nahm als die Unantastbarkeit seiner Freundschaft mit David.

Wohlgemerkt: Wenn wir von getriebenen Menschen sprechen, denken wir nicht nur an den Geschäftsmann im scharfen Wettbewerb oder an einen Berufsathleten. Getriebensein bedeutet viel mehr als nur »arbeitswütig« zu sein. Jeder von uns kann in sich gehen und plötzlich entdecken: *Getriebensein ist ja auch mein Lebensstil!* Wir können dazu getrieben sein, einen besseren Ruf als Christen zu bekommen, eine dramatische, tiefgeistliche Erfahrung zu machen oder ein Leiter zu sein, dem es eher darauf ankommt, auf Menschen Macht auszuüben als ihnen zu dienen. Ein Bastler kann ebenso wie ein Student ein getriebener Mensch sein. Jeder von uns kann so ein getriebener Mensch sein.

Hoffnung für den getriebenen Menschen

Kann sich ein getriebener Mensch ändern? Ganz bestimmt. Es fängt an, wenn er sich der Tatsache stellt, daß er nach seinen Trieben handelt anstatt nach seiner Berufung. Diese Entdeckung wird meistens in der blendenden, forschenden Helligkeit einer Begegnung mit Jesus gemacht. Auch die zwölf Jünger entdeckten, daß eine Audienz bei Jesus über eine längere Zeitspanne all die Wurzeln und Folgen des Getriebenseins offenbart.

Um mit dem Getriebensein Schluß zu machen, muß man erst einmal anfangen, ohne Sentimentalitäten seine Motive und Werte aufzudecken, genauso wie Petrus es in seinen regelmäßigen Konfrontationen mit Jesus tun mußte. Wenn jemand vom Getriebensein wegkommen möchte, sollte er am besten auf Seelsorger und Leiter hören, die uns heute Jesu Wort verkündigen.

Vermutlich wird er sich demütigen müssen, weil er bestimmte Dinge aufgeben muß, einiges an Disziplin wird nötig sein, weil er manches loslassen muß — Dinge, die in sich vielleicht noch nicht einmal schlecht sind, die aber wichtig für all die falschen Motive waren.

Vielleicht wird der getriebene Mensch erst einmal anderen vergeben müssen, die ihm in der Vergangenheit die angemessene Zuneigung und Bestätigung vorenthalten haben. Das alles kann erst der Anfang sein.

Der Apostel Paulus war vor seiner Bekehrung solch ein getriebener Mann. In dieser Haltung studierte er, schloß Bekanntschaften, erreichte Ziele, verteidigte sich und war anerkannt. Die Geschwindigkeit, mit der er kurz vor seiner Bekehrung arbeitete, war beinahe manisch. Er wurde auf ein illusorisches Ziel hingetrieben, und als er später auf seinen Lebensstil mit all seinen Zwängen zurückblickte, sagte er nur: »Es war alles nichtig.«

Paulus war getrieben, bis Jesus ihn berief. Wenn man liest, wie Paulus auf dem Weg nach Damaskus vor dem Herrn auf die Knie fällt, hat man das Gefühl, daß in seiner Verborgenen Welt eine Riesenerleichterung stattfand. Welch eine Umkehr von dem Trieb, der ihn nach Damaskus hetzte, in dem Versuch, das Christentum auszulöschen, bis zu dem dramatischen Augenblick, wo er Jesus völlig ergeben fragte: »Herr, was soll ich tun?« Ein getriebener Mann wurde zu einem berufenen Mann bekehrt.

Das hätte ich auch dem Mann gewünscht, der zu mir kam, um über die Bitte seiner Frau zu sprechen, er solle das Haus verlassen. Immer und immer wieder besprachen wir diesen unersättlichen Trieb, zu gewinnen, zu verdienen, Eindruck zu schinden. Manchmal hatte ich das Gefühl, er hätte verstanden, und war überzeugt davon, daß wir vorankämen. Ich glaubte wirklich, er würde sein Herz von den Äußerlichkeiten weg seiner Verborgenen Welt zuwenden.

Ich konnte mir gut vorstellen, wie er vor Jesus knien und sein Getriebensein aufgeben würde und von all den alten, schrecklichen und schmerzhaften Erinnerungen an seinen Vater reingewaschen werden könnte, der ihn als »Taugenichts« gebrandmarkt hatte. Ich sehnte mich einfach danach, meinen Freund, den erfolgreichen Taugenichts, sagen zu hören: »Ich bin ein von Jesus berufener Jünger, nicht jemand, der dazu getrieben wird, anderen etwas zu beweisen.«

Aber dazu kam es nicht. Und irgendwann verloren wir uns aus den Augen. Als letztes hörte ich, daß ihn sein Getriebensein alles kostete: Familie, Ehe, Geschäft. Es brachte ihn ins Grab.

Anmerkung für Desorganisierte

Wenn meine Verborgene Welt in Ordnung ist,
dann deshalb, weil ich mich als Gottes Haushalter sehe
und nicht als der Herr meiner Absichten,
meiner Rolle und meiner Persönlichkeit.

Kapitel 5

Leben als Berufener

In seinem Buch *A Casket of Cameos* (Ein Kästchen Kameen) macht sich F. W. Boreham Gedanken über den Glauben von Harriet Beecher Stowes »Onkel Tom«. Der alte Sklave war aus seiner alten Heimat Kentucky fortgezerrt und auf einen alten Dampfer mit unbekanntem Ziel verfrachtet worden. Er durchlitt eine schreckliche Krise, und Boreham beobachtet weiter: »Onkel Toms Glaube war erschüttert. Es kam ihm wirklich so vor, als ob er mit Tante Chloe, den Kindern und den alten Freunden auch Gott verlassen würde!«

Als er einschlief, hatte der Sklave einen Traum. »Er träumte, wieder zu Hause zu sein, und die kleine Eva las ihm wie immer aus der Bibel vor. Er konnte nahezu ihre Stimme hören: ›Wenn du durchs Wasser gehst, so bin ich bei dir; denn ich bin der Herr, dein Gott, der Heilige Israels, dein Retter.‹« Boreham fährt fort:

> »Wenig später krümmte Tom sich unter den grausamen Peitschenhieben seines neuen Besitzers«, aber, sagt Frau Stowe, *»die Schläge trafen nur den äußeren Menschen und nicht, wie zuvor, das Herz.* Tom blieb unterwürfig; und trotzdem konnte Legree nicht übersehen, daß er die Macht über sein Opfer verloren hatte. Als Tom in seiner Hütte verschwand, riß Legree plötzlich sein Pferd herum, und es schoß ihm wie ein greller Blitz durch die dunkle Seele. Es war ihm plötzlich völlig klar, daß es Gott war, der zwischen Tom und ihm stand, und er fluchte Gott!«[1]

Der berufene Mensch

Wir suchen nach dieser Qualität der Gewißheit, wenn wir *getriebene* und *berufene* Menschen miteinander vergleichen. Getriebene Menschen vertrauen darauf, diese Gewißheit zu bekommen, wenn sie sich einfach weiter voranarbeiten. Aber gerade dann, wenn man es am wenigsten erwartet, häufen sich die negativen Ereignisse, und alles bricht wie ein Kartenhaus zusammen. Berufene Menschen dagegen haben eine innere Kraft, Ausdauer und eine Macht, der die äußeren Stürme nichts anhaben können.

Berufene Männer und Frauen können von den merkwürdigsten Hintergründen kommen und die erstaunlichsten Gaben besitzen. Sie können ohne Wertschätzung, unbeachtet und ungelehrt sein. Schauen wir uns noch einmal die Männer an, die Jesus auswählte: Wenige, wenn überhaupt einer, wären Kandidaten für hohe Positionen in christlichen Organisationen oder in großen Firmen gewesen. Nicht, daß sie besonders ungeschickt gewesen wären. Sie waren eben durchschnittlich. Aber Jesus hatte sie berufen, und das war entscheidend.

Anstatt sich treiben zu lassen, folgen manche Menschen der einladenden Hand des rufenden Vaters. Einen solchen Ruf kann man in der Regel in eine geordnete Verborgene Welt hinein vernehmen.

Johannes — Beispiel eines berufenen Mannes

Johannes der Täufer ist ein eindrückliches Beispiel eines berufenen Mannes. Er besaß die Kühnheit, seinem eigenen Volk zu verkünden, daß sie endlich mit ihrer Rechtfertigung durch höhere Rassenherkunft aufhören sollten. Er konfrontierte sie damit, daß auch sie geistliche und moralische Buße brauchten. In der Taufe, sagte er, könnten sie die Echtheit ihrer Reue bezeugen. Kein Wunder, daß sich niemand neutral gegenüber Johannes verhielt. Er nahm niemals ein Blatt vor den Mund. Entweder wurde er geliebt oder gehaßt; einer seiner Hasser schlug ihm schließlich den Kopf ab. Jedoch nicht, bevor Johannes sein Werk vollendet hatte.

Johannes, der Berufene, ist ein deutlicher Gegensatz zu Saul, dem Getriebenen. Johannes scheint von Anfang an eine deutliche Vorstellung von seiner Bestimmung gehabt zu haben, welche das Ergebnis einer himmlischen Beauftragung, die aus seinem tiefsten Innern kam, war. Den Unterschied zwischen Saul und Johannes kann man besonders deutlich in den Momenten erkennen, in denen ihre Persönlichkeiten und ihre Sicherheit bezüglich der eigenen Berufung angegriffen werden. Saul, der Getriebene, reagierte gewalttätig und schlug auf seine vermeintlichen Feinde ein, als er bemerkte, daß die Beständigkeit seiner Macht und seiner Position nur noch auf ihn selbst gegründet war.

Bei Johannes war alles ganz anders. Was passierte, als er die Nachricht erhielt, daß seine Beliebtheit immer weiter zurückging? Um das Ganze ein wenig zu dramatisieren, nehme ich einmal an, Johannes würde seine Arbeit verlieren. Die Situation, um die es mir geht, tritt auf, als Johannes Jesus den Menschenmengen vorgestellt hat und diese sich nun dem »Lamm Gottes« zuwenden (Joh. 1,36). Johannes wird gewahr, daß die Massen und sogar einige seiner eigenen Jünger sich nur noch auf Jesus konzentrieren, seiner Lehre zuhören und von seinen Jüngern getauft werden. Man hat das Gefühl, daß diejenigen, die Johannes die Nachricht seines Popularitätsverlustes gebracht haben, hofften, sie könnten Johannes einmal negativ reagieren sehen. Aber es kam nicht dazu; er mußte sie enttäuschen.

> »Ein Mensch kann nichts nehmen, wenn es ihm nicht vom Himmel gegeben ist. Ihr selbst seid meine Zeugen, daß ich gesagt habe: Ich bin nicht der Christus, sondern vor ihm hergesandt. Wer die Braut hat, der ist der Bräutigam; der Freund des Bräutigams, der dabeisteht und ihm zuhört, freut sich sehr über die Stimme des Bräutigams. Diese meine Freude ist nun erfüllt. Er muß wachsen, ich aber muß abnehmen« (Joh. 3,27-30).

Berufene Menschen sind Verwalter

Die Art, wie Johannes als Verwalter handelte, ist bemerkenswert. Seine Befrager nahmen an, daß die Menschenmassen einmal Johannes' *Eigentum* gewesen seien, daß er sie mit seiner Ausstrahlung verdient hätte. Wäre dem so gewesen, hätte Johannes allerdings etwas verloren: sein Bild des prophetischen Stars.

Aber das entsprach überhaupt nicht seiner Sicht. Er besaß nie etwas, am allerwenigsten die Menschen. Johannes dachte wie ein Verwalter, und das macht den berufenen Menschen aus. Die Aufgabe eines Verwalters ist es, mit dem Eigentum des Besitzers gut umzugehen, bis dieser es wieder zurückfordert. Johannes wußte, daß die Menge, die ihn verließ, um Jesus nachzufolgen, niemals in erster Linie ihm gehört hatte. Gott hatte sie ihm eine Zeitlang anvertraut und nun zurückgenommen. Johannes verarbeitete das offensichtlich gut.

Diese Haltung ist ganz anders als die des getriebenen Saul, der den Thron Israels als sein Eigentum betrachtete, um damit zu tun, was er wollte. Wenn man etwas besitzt, muß man es festhalten und schützen. Johannes hatte eine andere Sicht der Dinge. Als Jesus kam, um die Mengen anzuführen, war Johannes nur allzu froh, sie wieder abgeben zu können.

Johannes' Sicht vom Amt eines Verwalters liefert uns ein wichtiges Prinzip für die heutige Zeit. Seine Menschenmengen kann man unserer Karriere, unserem Vermögen, unseren natürlichen und geistlichen Gaben, unserer Gesundheit gleichsetzen. Besitzen wir diese Dinge oder verwalten wir sie im Namen dessen, der sie uns gab? Getriebene Menschen betrachten diese Gaben als ihr Eigentum; Berufene tun dies nicht. Wenn getriebene Menschen etwas verlieren, ist es eine Katastrophe. Wenn berufene Menschen etwas verlieren, ändert das nichts. Ihre Verborgene Welt wird dadurch nicht erschüttert, sondern vielleicht sogar gestärkt.

Berufene Menschen wissen, wer sie sind

Eine zweite Qualität der Berufung kann man in Johannes' Wissen um seine Identität erkennen. »Erinnert euch daran«, sagte er ihnen, »daß ich euch oft gesagt habe, ich sei nicht der Christus.« Weil er wußte, wer er nicht war, begriff er auch, wer er eigentlich war. Und Johannes machte sich über seine persönliche Identität keine Illusionen. Diese war in seinem Innenleben bereits fest verankert.

Dagegen kommen Menschen, deren Verborgene Welt durcheinander ist, leicht mit ihrer Identität in Konflikt. Ihre Fähigkeit, Rolle und Person auseinanderzuhalten, kann immer mehr abnehmen. Was sie *tun* und wer sie *sind*, ist für sie ein und dasselbe. Deshalb ist es für Menschen mit großem Einfluß sehr schwer, diese Macht aufzugeben, und in dem Bemühen, sie zu erhalten, kämpfen sie sich oft zu Tode. Aus dem gleichen Grund fällt es auch vielen Menschen schwer, in den Ruhestand zu treten. So läßt sich auch erklären, warum eine Mutter Depressionen bekommen kann, wenn ihr jüngstes Kind das Haus verläßt.

Wir müssen viel über das Thema Identität nachdenken, denn es ist heute sehr aktuell. In den Tagen seiner Beliebtheit hätte Johannes ohne Mühe aus der Leichtgläubigkeit der Menge Profit ziehen können. Oder er hätte durch ihren Applaus verführt werden können. Die Tatsache, daß die Massen die Gunst von den Priestern Jerusalems weg- und ihm zuwandten, hätte ihn arrogant und ehrgeizig werden lassen können. Es wäre ihm ein leichtes gewesen, auf die Frage, ob er der Messias sei oder nicht, mit dem Kopf zu nicken.

Einen weniger rechtschaffenen Mann als Johannes kann man sich gut in einem schwachen Moment vorstellen, in dem er sagen würde: »Ich habe mir darüber zwar noch nicht so viele Gedanken gemacht, aber vielleicht hast du recht, ich habe so etwas Messianisches an mir. Nehmen wir doch einfach an, ich wär's, der Rest wird sich schon zeigen!«

Mit solch einer Reaktion hätte Johannes seine Jünger für kurze Zeit zum Narren halten können. Aber dem ehrlichen Johannes wäre das niemals in den Sinn gekommen. Sein Seelenleben war zu sehr in Ordnung, als daß er nicht die schrecklichen Folgen einer falschen Identität durchschaut hätte.

Selbst wenn der Beifall des Volkes zu einem Tosen anschwoll, war die Stimme Gottes in Johannes noch lauter. Und weil er sein Innenleben zuerst in der Wüste geordnet hatte, war diese Stimme für ihn überzeugender.

Unterschätze niemals die Bedeutung dieses Prinzips. In unserer medienorientierten Welt von heute stehen viele gute und talentierte Leiter der ständigen Versuchung gegenüber, den Texten ihrer eigenen Werbespots zu glauben. Wenn sie dieser Versuchung unterliegen, infiziert eine messianische Fantasie nach und nach ihre Persönlichkeit und die Art, Leiterschaft auszuüben. Sie vergessen, wer sie nicht sind, und fangen an, das Bild von sich selbst zu verzerren. Was ist geschehen? Sie sind zu geschäftig geworden, um sich in eine Wüste zurückzuziehen und ihre Verborgene Welt in Ordnung zu bringen. Das Organisieren nimmt einen zu großen Platz ein. Das Lob der »Jünger« verzaubert sie zu sehr. Und in diesem wilden Lebensstil geht Gottes rufende Stimme völlig unter.

Berufene Menschen haben ein unerschütterliches Gespür für ihre Aufgaben

Ein dritter Aspekt von Johannes' bemerkenswerter Antwort an seine Herausforderer zeigt, daß der Prophet aus der Wüste auch die Bedeutung seiner Aufgabe als Vorbote Christi verstand. Und dies ist ein weiterer Bereich der Berufung. Denen, die ihn über seine Gefühle betreffs der immer größeren Beliebtheit des Mannes von Nazareth befragten, antwortete er mit dem Gleichnis des Trauzeugen: »Wer die Braut hat, der ist der Bräutigam; der Freund des Bräutigams aber (der Freund ist Johannes), der dabeisteht und ihm zuhört, freut sich sehr über die Stimme des Bräutigams« (Joh. 3,29). Die Aufgabe des Trauzeugen ist es, beim Bräutigam zu stehen und nur darauf zu achten, daß alle Aufmerksamkeit auf diesen gerichtet ist. Der Trauzeuge wäre ein Narr, wenn er sich mitten in der Hochzeitszeremonie den Hochzeitsgästen zuwenden und ein Lied oder eine humorvolle Rede anstimmen würde. Der Trauzeuge erfüllt seine Aufgabe am besten, wenn er die Aufmerksamkeit der anderen völlig von sich weg auf die Braut und den Bräutigam lenkt.

Genau das tat Johannes. Denkt man sich nach Johannes' Gleichnis Jesus Christus als den Bräutigam, war es die einzige Aufgabe des Täufers, Trauzeuge zu sein, *sonst nichts.* Das war die Aufgabe, die mit seinem Ruf verbunden war, und darüber hinaus wollte er nichts an sich reißen. Demzufolge war es für Johannes nur eine Bestätigung, als die Menge Jesus zuströmte; seine Aufgabe war erfüllt. Aber nur einem berufenen Menschen wie ihm gelingt es, unter solchen Umständen Gelassenheit zu bewahren.

Berufene Menschen haben ein Verständnis von unentwegter Hingabe

Der letzte Aspekt: Johannes war sich als berufener Mann der Bedeutung der Hingabe bewußt: »Er muß wachsen, ich aber muß abnehmen« (Joh. 3,30), entgegnete er seinen Herausforderern. Kein getriebener Mensch hätte je so antworten können, denn Getriebene müssen mehr und mehr Aufmerksamkeit, Macht und materiellen Reichtum erlangen. Die Verführungen des Lebens hätten Johannes in eine kämpferische Wettbewerbshaltung gebracht, aber der Ruf zur Hingabe in seinem Inneren war lauter. Was Johannes begonnen hatte, nämlich Jesus als das Lamm Gottes vorzustellen — war nun erfüllt worden. Nachdem er die Verbindung geschaffen hatte, war Johannes zufrieden und bereit, zurückzutreten.

Und solche Eigenschaften — Johannes' Verständnis von Verwaltung, seiner Identität, seiner Rolle und seiner uneingeschränkten Hingabe — sind für einen berufenen Menschen kennzeichnend. Sie sind bezeichnend für eine Person, die zuerst eine eigenständige, Verborgene Welt aufbaut, damit ihr daraus die Quelle des Lebens sprudelt.

Wie verschieden sahen doch die Lebensweisen von König Saul und Johannes dem Täufer aus! Der eine verteidigte mit aller Kraft seinen goldenen Käfig und verlor den Kampf. Der andere war zufrieden mit seinem Platz in der Wüste und der Gelegenheit, zu dienen, und gewann.

Friede und Freude

Die verschiedenen Charakterzüge im Leben des Johannes sind einfach bewundernswert. Es liegt ein *tiefer Friede* auf ihm, der völlig unabhängig von der Sicherheit seiner Karriere ist. Ich habe des öfteren mit Männern und Frauen zu tun, deren Karriere aus unterschiedlichen Gründen ganz plötzlich in die Brüche ging, und deren Lebensfundament dadurch löchrig wurde und zusammenbrach. Das zeigt, daß ihr Leben mehr auf den Bestand ihrer Karriere gebaut war als auf die Festigkeit und Stabilität einer Verborgenen Welt, in der die Stimme Gottes hörbar ist.

Johannes lebte in einer *Freude,* die man nicht mit der heute so modernen Auffassung von Glück verwechseln sollte — dem Gefühlszustand, der davon abhängig ist, daß alles richtig läuft. Als andere vermuteten, Johannes hätte Angst davor, als Versager zu enden, entdeckten sie zu ihrem Erstaunen, daß er in Wirklichkeit zufrieden war, obwohl ihn doch die Massen verließen. Einige Freunde von Johannes waren da vermutlich anderer Auffassung, aber er war sich seiner Sache deshalb so sicher, weil er die Dinge zuerst in seinem Innenleben ordnete, da, wo echte Werte in Übereinstimmung mit Gott reifen können.

Johannes war tatsächlich ein berufener Mann. Er ist ein Beispiel dafür, was Stowe meinte, als sie schrieb, daß Simon Legrees Schläge nur Onkel Toms äußeren Menschen trafen, nicht aber sein Herz. Irgend etwas stand zwischen Johannes und der Tatsache, daß er ein Versager sein könnte. Es war die absolute Realität der Berufung Gottes, die Johannes in seinem Inneren vernommen hatte, und diese Stimme übertönte alle anderen. Sie kam von einem ruhigen Ort, an dem Ordnung herrschte.

Wie werde ich berufen?

Wenn wir Johannes den Täufer mit so viel Bewunderung betrachten, stellt sich doch unweigerlich die Frage: Wie wurde er zu dem, der er war? Was war der Ursprung seiner Bestimmung, seiner Widerstandskraft, seiner ungebrochenen Fähigkeit, Dinge völlig anders zu betrachten, als alle anderen es taten? Werfen wir einen Blick auf den Hintergrund, aus dem Johannes kam, so verstehen wir die Struktur und Substanz seines Innenlebens besser.

Seine Eltern begannen beispielsweise damit, ihn von frühester Kindheit an zu formen. Die Schrift macht deutlich, daß Zacharias und Elisabeth gottesfürchtige Menschen mit einer großen Sensibilität für den Ruf ihres Sohnes waren. Dieser Ruf war ihnen durch mehrere Engelserscheinungen offenbart worden, und so wurde Johannes von Anfang an auf seine Berufung hin erzogen. Auf das Familienleben nach seiner Geburt haben wir wenig Hinweise, aber wir wissen, daß seine Eltern eine tiefe Rechtschaffenheit, Gottesfurcht und Ausdauer besaßen.

Die Eltern des Johannes sind vermutlich gestorben, als er noch sehr jung war. Wir wissen nicht, wie er damit zurechtkam. Das nächste, was wir von Johannes erfahren, ist, daß er sein Leben allein in der Wüste, getrennt von der Gesellschaft, zu der er später als Prophet reden würde, lebte.

> »Im 15. Jahr der Herrschaft des Kaisers Tiberius, als Pontius Pilatus Statthalter in Judäa war und Herodes Landesfürst von Galiläa und sein Bruder Philippus Landesfürst von Ituräa und der Landschaft Trachonitis und Lysanias Landesfürst von Abilene, als Hannas und Kaiphas Hohepriester waren, da geschah das Wort Gottes zu Johannes, dem Sohn des Zacharias, in der Wüste. Und er kam in die ganze Gegend um den Jordan und predigte« (Lk. 3,1-3).

Diese Worte lassen aufhorchen. Cäsar ging in Rom seinen kaiserlichen Geschäften nach, Hannas und Kaiphas »betrieben« im Tempel von Jerusalem organisierte Religion. Verschiedene andere politische Persönlichkeiten kamen und gingen und nahmen an scheinbar wissenswerten gesellschaftlichen Ereignissen teil. Ihre Welt bestand aus beeindruckenden Äußerlichkeiten wie Macht, einem weitreichenden Bekanntheitsgrad und wichtigen menschlichen Verbindungen.

Aber da *geschah das Wort Gottes zu Johannes*, einem unbedeutenden jungen Mann an dem unbedeutendsten aller Orte: der Wüste. Warum gerade Johannes? Und weshalb in der Wüste?

Mir fallen die Worte Herbert Butterfields ein, die mich tief beeindruckt haben:

»In der Geschichte wie auch in der Gegenwart ist es ein seltenes Phänomen, verhältnismäßig ungebildete Menschen zu treffen, die tiefe geistliche Erkenntnisse haben, . . . während es viele gebildete Menschen gibt, bei denen man merkt, daß sie hochintelligente Gedankenspiele treiben, um die gähnende Leere in sich zu verdecken.«[2]

Warum gerade Johannes? Weil Johannes antwortete, als er von Gott gerufen wurde. Der Ruf setzte eine vollkommene Unterordnung unter Gottes Wege, Gottes Methoden und Gottes Kriterien für Erfolg voraus; und Johannes war bereit, diese Bedingungen zu akzeptieren, ohne auf die eventuellen Kosten, z. B. Schmerz oder Einsamkeit, zu achten.

Warum gerade die Wüste? Vielleicht deshalb, weil man in der Wüste leichter auf etwas hören oder über etwas brüten kann, als in einer lauten, geschäftigen Stadt, wo man gewöhnlich viel vorhat, von Lärm umgeben ist und sich selbst so wichtig nimmt. Manchmal sind die äußeren Einflüsse in Großstädten dermaßen laut, daß man die flüsternde Stimme Gottes nicht vernehmen kann. Und manchmal sind die Menschen in solch einer Stadt zu laut, um inmitten ihrer Wolkenkratzer aus Stahl und Beton, ihrer bunten Theater und ihrer unglaublichen Tempel auf Gott zu hören.

Gott führte Johannes in die Wüste, wo er mit ihm reden konnte. Und dort begann er, Impulse in Johannes' Seele zu geben, die zu einer vollkommen neuen Perspektive für seine Zeit führten. Dort in der Wüste bekam Johannes einen neuen Blick für Religion, für das, was richtig und was falsch ist, für Gottes Absichten mit den Menschen. Und dort entwickelte er eine besondere Sensibilität und einen Mut, der ihn auf die außerordentliche Aufgabe vorbereitete, seine Generation mit Jesus bekannt zu machen. Seine Verborgene Welt wurde in der Wüste aufgebaut.

Dort geschah das Wort Gottes zu Johannes. Einen merkwürdigen Platz hatte sich Gott zum Reden gewählt. Was kann man in einer Wüste schon lernen? Ich scheue die Wüste; wenn es möglich ist, umgehe ich sie, denn für mich bedeutet sie Schmerz, Einsamkeit und Leiden. Niemand sehnt sich nach solchen Erfahrungen. Es ist schwer, in der Wüste zu leben, körperlich und geistlich. Aber wir kommen an der Tatsache nicht vorbei: Die schwersten Lektionen werden in der Wüste gelernt, wenn man mitten im Kampf auf Gottes Ruf hört.

In der Wüste kann man etwas über *Trockenheit* lernen, denn dort ist es trocken. Johannes lernte nicht nur, mit der Dürre in der Wüste umzugehen, sondern er lernte zweifelsohne, mit dem ausgetrockneten Geist der Menschen am Jordan umzugehen.

In der Wüste lernt man auch, in der *Abhängigkeit* Gottes zu leben. Bereits Jahrhunderte zuvor hatten die Hebräer erfahren, daß man in der Wildnis nicht ohne einen sich erbarmenden Gott überleben kann. Nur ein

Mensch, der eine harte, wüstenähnliche Zeit durchgemacht hat, weiß, was es bedeutet, sich hundertprozentig auf Gott zu verlassen, weil ihm keine andere Wahl bleibt.

Aber die Wüste hat auch schöne Seiten. In der Wildnis findet man einen Ort, an dem man frei ist zum Denken, Planen und Vorbereiten. Und zu gegebener Zeit kann man, wie Johannes, aus diesem trockenen Land mit einer Botschaft herauskommen, die Falschheit und Oberflächlichkeit ans Licht bringt. Dann dringen diese Worte bis in die endlosen Tiefen des menschlichen Geistes ein, und am Ende kennt eine ganze Generation den Sohn Gottes.

In der Wüste kann ein Mensch berufen werden. Als Johannes zuerst gegen seine Kritiker und dann gegen den wütenden, sich verteidigenden Herodes aufstand, dessen unmoralischen Lebenswandel er kritisierte, zeigte sich die besondere Kraft seines Rufes. Man kann sie an der Gelassenheit bei der Ausführung seines prophetischen Dienstes erkennen. Irgend etwas in seinem Inneren gab ihm die Kraft zu unabhängigen Entscheidungen und Weisheit. Wenige konnten seiner Botschaft standhalten.

Mit was wurde seine Verborgene Welt in der Wüste ausgestattet? Die Bibel liefert uns da kaum eine Antwort. Wir sehen nur, daß er offensichtlich ein geordnetes Innenleben besaß. Johannes ist der Prototyp des Zieles, das wir anstreben. Während um ihn herum alles chaotisch und ungeordnet zuzugehen scheint, bleibt er sicher und gelassen.

Welche Lektion haben uns Saul, Johannes und mein Freund, der »erfolgreiche Taugenichts«, erteilt? Ich denke, ihre Botschaft ist klar: schau nach innen, sagen sie. Was motiviert dich? Warum tust du dies oder jenes? Was erhoffst du dir davon? Und wie würdest du reagieren, wenn dir das alles genommen würde?

Wenn ich in meine Verborgene Welt hineinschaue, merke ich, daß ich fast täglich damit zu kämpfen habe, ob ich nun Saul oder Johannes sein will. In dieser Welt des Wettbewerbs, in der Erfolg beinahe alles bedeutet, wäre es leicht, Saul zu sein, dazu getrieben, weiterzumachen, auf »Nummer Sicher« zu gehen, zu dominieren. Und ich ertappe mich sogar bei diesen Dingen, wenn ich mir gerade einrede, Gottes Werk zu tun. Aber der Streß, sein Werk zu tun, kann zu groß werden.

An anderen Tagen bin ich eher wie Johannes. Ich habe auf Gottes Ruf gehört und kenne meinen Auftrag. Vielleicht erfordert dies Mut und Disziplin, aber das Ergebnis liegt in der Hand dessen, der gerufen hat. Ob ich groß würde oder kleiner, ist nun seine Sache, nicht mehr meine. Wenn ich mein Leben nach meinen Erwartungen und denen anderer ausrichte, wenn ich meinen Wert von den Meinungen anderer abhängig mache, kommt mein Innenleben bestimmt ins Schleudern. Wenn ich aber nach Gottes Ruf handle, kann ich mich einer großen inneren Ordnung erfreuen.

TEIL II

ZEIT-
EINTEILUNG
MOTIVATION
WIEDER-
HERSTELLUNG
WEISHEIT UND
ERKENNTNIS
GEISTLICHE
STÄRKE

Anmerkung für Desorganisierte

Wenn meine Verborgene Welt in Ordnung ist, dann deshalb, weil ich meine Zeit täglich neu als ein Geschenk Gottes betrachte, mit dem man sorgfältig umgehen muß.

Kapitel 6

Hat jemand meine Zeit gesehen? Ich muß sie verlegt haben!

Ich hatte gerade einen Vortrag vor einer Gruppe von Pfarrern beendet, in dessen Verlauf ich einige Bücher erwähnte, die ich vor kurzem gelesen hatte. Daraufhin fragte mich ein junger Pfarrer: »Woher nehmen Sie nur die Zeit, um diese ganzen Bücher zu lesen? Zu Beginn meiner Amtszeit dachte ich auch, ich könne viele Bücher lesen. Aber nun bin ich seit Wochen nicht mehr dazu gekommen, ich habe einfach zu viel zu tun!«

Wir sprachen kurz über die Disziplin des Lesens, dann kamen wir ganz schnell auf andere Bereiche seines persönlichen Lebens. Er bekannte seine Schuld in bezug auf seine Stille Zeit. Diese existierte kaum noch. Er gab zu, daß es lange her war, daß er mit seiner Frau eine auch nur annähernd intensive Zeit gehabt hatte. Er war traurig darüber, daß seine Gottesdienste nie seinen Erwartungen entsprachen. Am Ende unseres Gesprächs gab er zu, daß sein Versagen, ein Buch zu lesen, nur der Hinweis auf ein ganz anderes Problem war. Er bekannte: »Ehrlich gesagt, bin ich vollkommen undiszipliniert. Ich bin nicht in der Lage, etwas konsequent durchzuziehen!«

Ich kann diesen jungen Mann und seine Schwierigkeiten gut verstehen. Es gab Zeiten in meinem Leben, in denen hätte ich dasselbe sagen müssen. Und wenn unsere anwesenden Kollegen ehrlich zu diesem Punkt Stellung genommen hätten, wären wir mit unseren Problemen nicht allein geblieben. Die Welt steckt voller unorganisierter Menschen, die die Kontrolle über ihre Zeit verloren haben.

William Barclay schrieb folgendes, als er das undisziplinierte Leben von Samuel Taylor Coleridge beschrieb:

> »Coleridge ist das extremste Beispiel für Disziplinlosigkeit. Niemals ist aus einem so großen Geist so wenig geworden. Er verließ die Universität Cambridge, um zur Armee zu gehen; er verließ die Armee, weil er nicht in der Lage war, ein Pferd zu striegeln; er kehrte nach Oxford zurück und ging von dort ohne

> Abschlußexamen ab. Er begann die Zeitschrift ›*The Watchman*‹ (Der Wächter) herauszugeben, die sich nach der zehnten Nummer bereits nicht mehr rentierte. Man sagte von ihm: ›Er verlor sich in all seinen Plänen und verwirklichte keinen von ihnen. Coleridge hatte alle poetischen Gaben bis auf eine — die Gabe, konzentriert und konsequent zu arbeiten.‹ In seinem Kopf schwirrten alle möglichen Ideen für Bücher herum, und er sagte von sich selbst: ›Sie sind alle fertig und müssen nur noch geschrieben werden. Ich werde der Druckerei bald zwei Oktavbände zukommen lassen.‹ Aber die Bücher kamen nie aus seiner Gedankenwelt heraus aufs Papier, weil er sich nicht der Disziplin unterzog, sich hinzusetzen und sie aufzuschreiben. Es ist noch nie jemand berühmt geworden oder geblieben, der keine Disziplin hatte.« [1]

Coleridge war der lebende Beweis dafür: Man kann äußerst talentiert sein, eine enorme Intelligenz und eine große Begabung, sich mitzuteilen, besitzen; dennoch kann man alles verschwenden, weil man unfähig ist, Kontrolle über seine Zeit auszuüben. Sein sinnloses Streben in der literarischen Welt findet sich auch bei Menschen wieder, deren Berufung zu Hause, in der Kirche oder im Büro ist.

Ich bin sicher, daß keiner von uns am Ende seines Lebens mit Bedauern auf die Dinge zurückblicken möchte, die er hätte tun können, dann aber doch gelassen hat, wie es bei Coleridge der Fall war. Um das zu verhindern, müssen wir einfach verstehen, wie wir mit der Zeit, die Gott uns geschenkt hat, umgehen sollen.

Symptome von Desorganisation

Vermutlich müssen wir uns zuerst einmal ganz objektiv unsere Gewohnheiten im Bereich der Zeiteinteilung vornehmen. Sind wir wirklich desorganisiert? Laßt uns die Symptome eines solchen Lebens betrachten. Einige dieser Merkmale scheinen ein wenig lächerlich, ja sogar unbedeutend zu sein. Meistens sind sie jedoch Teile eines größeren Puzzles, die alle zusammengehören. Ich möchte einige beispielhafte Symptome aufzeigen.

Wenn ich irgendwie in Desorganisation hineingerate, merke ich das zunächst an *meinem Schreibtisch, auf dem sich die Papierstapel nur so häufen.* Dasselbe geschieht auf dem Ablagebrett meines Kleiderständers. Tatsächlich häufen sich auf beinahe jeder horizontalen Fläche meines täglichen Arbeitsweges Papiere, Dinge, die ich noch erledigen muß, Aufgaben, die liegenbleiben. Hier höre ich so manche Hausfrau sagen: »Hier, lies mal; er war wohl vor kurzem in deinem Büro.« Aber was mir mein

Schreibtisch ist, kann des anderen Küchentisch, Arbeitsbank oder Arbeitszimmer sein. Das Prinzip gilt für alle.

Die Symptome von Desorganisation zeigen sich auch an dem *Zustand meines Autos*. Es ist innen und außen total verdreckt. Ich verliere das Gefühl für seine Pflege und merke, wie ich es hinausschiebe, die Winterreifen herunterzunehmen und mich um die neue TÜV-Plakette zu kümmern.

Wenn sich Desorganisation breitmacht, *merke ich, wie mein Selbstbewußtsein plötzlich schrumpft*. Ich bemerke einen ganz leichten Anflug von Paranoia, eine schleichende Furcht, die Leute müßten entdecken, daß meine Arbeit ihr Geld nicht wert sei, daß ich nicht einmal halb so gut sei, wie sie immer von mir dachten.

Ich merke, daß ich desorganisiert bin, wenn ich eine *Reihe von Verabredungen verschwitzt, telefonische Nachrichten nicht beantwortet und Fristen verpaßt* habe. Mein Tag ist dann angefüllt mit gebrochenen Versprechen und lahmen Entschuldigungen! (Nebenbei muß ich aber auch sagen, daß es einfach auch bei den Organisiertesten unter uns vorkommt, daß Ereignisse außerhalb unserer Kontrolle selbst die besten Absichten über Bord werfen.)

Wenn ich desorganisiert bin, *neige ich dazu, meine Energie in unproduktive Aufgaben zu investieren*. Ich ertappe mich dabei, kleine, langweilige Aufgaben zu erledigen, nur um irgend etwas fertigzubekommen. Ich tendiere dann zu Tagträumen, vermeide es, Entscheidungen zu fällen, die nötig sind, und schiebe Dinge auf. Desorganisation beeinflußt dann jeden Bereich meines Willens, gleichmäßig und gut zu arbeiten.

Desorganisierte Menschen sind unzufrieden mit ihrer Arbeit. Das, was sie zustande bringen, mögen sie nicht. Sie können nur schwer Komplimente anderer akzeptieren. Im Innersten ihres Herzens wissen sie, daß sie nur zweitklassige Arbeit leisten.

Ich bin mehr als einmal nach meiner Sonntagspredigt in solch einer Stimmung nach Hause gefahren. Ich saß frustriert am Steuer meines Wagens, weil ich wußte, ich hätte besser predigen können, wenn ich unter der Woche die Zeit effektiver genutzt hätte.

Desorganisierte Christen genießen selten die Vertrautheit mit Gott. Sie streben zwar nach dieser vertrauten Gemeinschaft; es gelingt ihnen aber nicht, sie dauerhaft aufzubauen. Niemand muß sie darauf hinweisen, daß man sich für Bibelstudium und -betrachtung, für Fürbitte und Lobpreis Zeit nehmen sollte. Das wissen sie alles. Sie tun es nur nicht. Sie entschuldigen sich mit Zeitmangel, wissen aber innerlich ganz genau, daß es mehr mit Organisation und persönlichem Willen als mit sonst irgend etwas anderem zu tun hat. Wenn ich desorganisiert bin, *schlägt sich das in der Intensität meiner persönlichen Beziehungen nieder*. Der Tag geht vorbei, ohne daß ich irgendein ernsthaftes Gespräch mit meinem Sohn oder mit meiner Tochter geführt hätte. Meine Frau und ich können zwar miteinander reden, aber die Gespräche sind flach, ohne den Mut, etwas von sich zu offenbaren, oder die Möglichkeit, bestätigt zu werden. Ich werde reizbar und ärgere mich über jeden ihrer Versuche, meine Aufmerksamkeit auf Dinge zu lenken, die ich noch erledigen muß, oder auf Menschen, die ich offensichtlich im Stich gelassen habe.

Wenn wir in unserer Zeiteinteilung undiszipliniert sind, *können wir uns selbst, unsere Arbeit und alles andere um uns nicht mehr leiden.* Und es ist dann schwierig, den zerstörerischen Mechanismus, der sich allmählich breitmacht, zu stoppen.

Diese schrecklichen Gewohnheiten der Desorganisation müssen durchbrochen werden, sonst gerät unsere Verborgene Welt schnell in vollkommene Unordnung. Wir müssen uns entschließen, Herr über unsere Zeit zu werden.

Psychologen kennen viele Gründe dafür, warum Menschen desorganisiert sind, und es ist hilfreich, einige dieser Gründe zu überdenken. Es gibt viel gute Literatur über Zeiteinteilung und Organisation. Aber neben all diesen Tips und Tricks für gute Organisation gibt es einige Grundprinzipien, die jeder berücksichtigen sollte, der Ordnung in seine Verborgene Welt bringen möchte. Es wird für manch einen eine Herausforderung sein, diese Prinzipien in die Tat umzusetzen, besonders wenn er vorher die Wichtigkeit der Zeitkontrolle unterschätzt hat.

Zeiteinteilung

Der Hauptgrundsatz jeder persönlichen Zeiteinteilung lautet ganz einfach: *Zeit muß eingeteilt werden!*

Die meisten von uns kennen schon lange den Grundsatz: »Geld muß eingeteilt werden!« Als wir zum ersten Mal entdeckten, daß wir nicht genügend Geld hatten, all die Dinge zu tun, die wir tun wollten, überlegten wir erst einmal, wo unsere finanziellen Prioritäten liegen. In bezug auf das Geld waren die Prioritäten leicht zu erkennen. Seit meine Frau und ich uns dem Plan Gottes für richtige Haushalterschaft unterzogen haben, ist unsere erste finanzielle Priorität der Zehnte und Spenden geworden. Dann kommen die festen Ausgaben wie Essen, Haus, Nützliches, Bücher (wir legen beide Wert darauf, daß Bücher unter die festen Ausgaben fallen) usw. Dafür werden bestimmte Beträge reserviert, die wir im voraus kalkulieren können.

Erst nachdem wir diese Geldbeträge für die Notwendigkeiten eingeteilt haben, wenden wir uns den Dingen zu, die mehr Wünsche als Nöte sind. Dazu zählt beispielsweise das Ausgehen in ein beliebtes Restaurant, die Anschaffung eines Gerätes, welches das Leben leichter macht, oder der Kauf eines besonders attraktiven Wintermantels.

Wenn Menschen den Unterschied zwischen der festgelegten und der noch freien Seite ihrer Finanzen nicht verstehen, machen sie normalerweise Schulden, und das ist die finanzielle Variante der Desorganisation.

Wenn das Geld knapp ist, muß man es sich einteilen. Wenn die Zeit drängt, gilt dasselbe Prinzip. Der Desorganisierte braucht eine neue Perspektive für das Einteilen. Und das bedeutet, den Unterschied zwischen den Festbeträgen — die man ausgeben *muß* — und den Freibeträgen — die man ausgeben *kann* — zu erkennen.

Das waren die Themen, welche ich ansprach, als dieser junge Pfarrer mit mir darüber reden wollte, warum er sich so unproduktiv vorkam. Er war überrascht, als ich ihm erzählte, daß ich damit selbst täglich zu kämpfen habe.

»Gordon«, sagte er, »du machst nicht gerade den Eindruck, als ob du jemals die Kontrolle über die Zeit verlieren würdest.« Ich protestierte: »Ich frage mich manchmal, ob ich überhaupt auch nur einen Teil meiner Zeit unter Kontrolle habe.« Alle die Symptome eines desorganisierten Lebens waren irgendwann schon einmal *meine* Symptome, aber ich habe die Entscheidung getroffen (nicht nur einmal, sondern mehrmals), daß ich keine Minute länger so leben würde.

Der Herr über die Zeit

Der junge Pfarrer in meinem Beispiel hoffte offensichtlich, ich könne ihm ein paar Tips geben, die mir geholfen hatten, meine Verborgene Welt im Hinblick auf die Zeiteinteilung zu ordnen. Aber ich mußte ihn enttäuschen — ich hatte da keinen Sack voll Patentrezepten. Im Laufe unseres Gesprächs empfahl ich ihm, daß er sich die Person zum Vorbild nehmen solle, die offensichtlich nie ihre Zeit verschwendet hatte.

Wenn ich in der Bibel lese, beeindruckt es mich immer sehr, wieviel Lehre über praktische Organisation aus dem Leben und Wirken von Jesus Christus gezogen werden kann. Alle vier Evangelisten beschreiben uns, wie Jesus unter dem Druck von Freunden oder Feinden leben mußte. Jedes Wort von ihm wurde registriert, jede Handlung analysiert, jede Geste kommentiert. Jesus hatte kaum ein nennenswertes Privatleben.

Stellen wir uns einmal Jesus in der heutigen Zeit vor. Würde er Ferngespräche führen? Würde er lieber fliegen als laufen? Wäre er an Postwurfsendungen interessiert? Wie würde er mit der Pflege der vielen Beziehungen umgehen, die uns die moderne Technik ermöglicht hat? Wie würde er in eine Zeit passen, in der ein ausgesprochenes Wort sekundenschnell in die ganze Welt übertragen werden kann, um am nächsten Morgen auf der Titelseite aller Zeitungen zu erscheinen?

Obwohl die Welt auf einen viel kleineren Raum beschränkt war, scheint er mit denselben Belastungen und Forderungen konfrontiert gewesen zu sein wie wir. Aber man hat bei Jesus nie das Gefühl, daß er jemals in Eile oder durch irgend etwas überrascht war. Er konnte nicht nur seine Zeit in der Öffentlichkeit ohne die Hilfe einer Sekretärin planen, sondern auch angemessene Zeiten allein im Gebet und in Meditation verbringen und außerdem auch noch mit seinen Jüngern zusammensein. All das war nur deshalb möglich, weil er seine Zeit völlig unter Kontrolle gebracht hatte.

Woran können wir nun erkennen, wie unser Herr Zeitplanung gemacht hat? Warum war er so organisiert?

Zunächst beeindruckt mich, *wie klar er seine Mission verstand.* Er hatte die Mittlerfunktion zu erfüllen und plante seine Zeit immer im Hinblick auf diese Aufgabe.

Dies wird bei seinem letzten Gang nach Jerusalem deutlich, auf dem Weg zum Kreuz. Kurz vor Jericho (Lk. 18) vernahmen seine Ohren die schrille Stimme eines Blinden, und zum großen Erstaunen seiner Freunde und seiner Kritiker blieb er stehen. Sie waren verärgert darüber, daß Jesus zu vergessen schien, daß Jerusalem noch sechs bis sieben Stunden entfernt war, und daß es sie dorthin zog, um *ihr* Ziel zu erreichen, nämlich die Feier des Passahfestes.

Und sie hätten recht gehabt, *wenn* es Jesu einzige Absicht gewesen wäre, Jerusalem rechtzeitig wegen eines religiösen Festes zu erreichen. Aber es wird schnell deutlich, daß dies nicht Jesu wichtigste Mission war. Menschen wie diesen Blinden anzurühren, war für ihn von viel größerer Bedeutung. Dafür investierte er Zeit.

Kurz nach dem ersten Aufenthalt blieb Jesus schon wieder stehen, diesmal unter einem Baum, um Zachäus, den berüchtigten Zöllner, herabzurufen. Es war Jesu Vorschlag, im Hause des Zachäus ein Gespräch mit ihm zu führen. Wieder erboste sich Jesu Gefolge, einerseits, weil die Reise nach Jerusalem schon wieder unterbrochen wurde, andererseits, weil Zachäus einen schlechten Ruf hatte.

Von ihrem Standpunkt aus gesehen, schien Jesus völlig falsch mit seiner Zeit umzugehen. Aus Jesu Sicht war diese Zeiteinteilung jedoch völlig richtig, *denn sie richtete sich nach der Aufgabe, die er zu erfüllen hatte.*

In Lukas 19,10 heißt es: »Der Menschensohn ist gekommen, zu suchen und selig zu machen, was verloren ist.« Es war nicht leicht für die Jünger, dies zu verstehen, und so mußte sie Jesus ständig mit den besonderen Umständen seiner Mission konfrontieren. Bevor sie seinen Auftrag nicht begriffen hatten, konnten sie nicht verstehen, wie und nach welchen Maßstäben er seine Zeit einteilte.

Ein weiterer Schlüssel zu Jesu Zeiteinteilung ist, daß *er seine Grenzen kannte.* Als Jesus, der eingeborene Sohn Gottes, in die Welt kam, legte er einige seiner Rechte als Herrscher des Himmels beiseite und nahm für eine gewisse Zeit bestimmte menschliche Begrenzungen an, um sich völlig mit uns zu identifizieren. Er teilte unsere Begrenzungen, ging aber effektiv mit ihnen um — so, wie wir es tun sollten.

Wir dürfen die Tatsache nicht unterschätzen, daß Jesus vor jeder wichtigen Entscheidung und Handlung während seines öffentlichen Dienstes die Einsamkeit mit dem himmlischen Vater suchte.

Jesus verbrachte 30 Jahre in der Stille, bevor er mit seiner Mission in die Öffentlichkeit trat. Erst wenn wir Jesus in der Ewigkeit sehen, werden wir wohl vollkommen die Wichtigkeit dieser drei Jahrzehnte begreifen. Jetzt können wir bestenfalls sagen, daß sie eine wertvolle Vorbereitungszeit waren. Es ist beeindruckend, daß Jesus 30 Jahre lang in relativer Verborgenheit und Zurückgezogenheit gelebt hat, um sich auf drei Jahre wichtigen Handelns vorzubereiten.

Es sollte uns dann nicht mehr verwundern, daß Mose 40 Jahre in der Wüste zubrachte, bevor er dem Pharao entgegentrat. Paulus war ebenfalls eine längere Zeit in der Wüste, um dort Gottes Stimme zu hören, bevor er sein Apostelamt antrat. Und die Erfahrung dieser Männer war nicht außergewöhnlich.

Kurz bevor Jesus seinen Dienst in der Öffentlichkeit antrat, verbrachte er 40 Tage in der Wüste, um mit dem Vater allein zu sein. Oder denken wir an die Gebetsnacht vor der Auswahl der zwölf Jünger. Er wachte bis zum frühen Morgen nach einem anstrengenden Tag in Kapernaum; oder an den Berg der Verklärung, wohin er sich zurückzog, um sich auf seinen letzten Gang nach Jerusalem vorzubereiten, und schließlich Gethsemane.

Jesus kannte seine Grenzen sehr gut. So merkwürdig es auch erscheinen mag, er wußte, was wir nur allzugern vergessen: *Man muß sich ausreichend Zeit nehmen, um innere Stärke und Entschlußkraft zu gewinnen, damit eigene Schwächen in Zeiten geistlichen Kampfes ausgeglichen werden können.* Weil er seine Grenzen kannte, plante Jesus regelmäßig feste Zeiten der Ruhe ein. Und es fiel selbst seinen engsten Vertrauten schwer, diese Zeiten anzuerkennen.

Ich glaube, es gibt noch ein drittes Element in der Philosophie seiner Zeiteinteilung, denn *Jesus nahm sich Zeit, um seine zwölf Jünger zu schulen.* In einer Welt, in der Millionen von Menschen erreicht werden sollen, ist es lehrreich zu sehen, daß Jesus die meiste Zeit mit ein paar einfachen Männern zubrachte.

Er investierte Zeit, um ihnen die Schrift auszulegen und ihnen die Geheimnisse des Himmels aufzuschlüsseln. In wichtigen Momenten nahm er sich Zeit für den Dienst an einzelnen von ihnen, so daß sie jedes Wort und jede Handlung mitverfolgen konnten. Er reservierte besondere Tage, nur um seinen Jüngern die tiefere Bedeutung seiner Worte an die Menschenmenge zu erklären. Er verwandte wertvolle Stunden darauf, sich berichten zu lassen, wenn sie von Aufgaben zurückkehrten, sie zurechtzuweisen, wenn sie versagt hatten, sie zu loben, wenn sie erfolgreich waren.

Vermutlich haben wir uns mehr als einmal gefragt, warum Jesus so viel wertvolle Zeit mit einer Gruppe einfacher Männer verbrachte, anstatt solche Männer zu lehren, die sein theologisches Fachwissen intellektuell geschätzt hätten. Aber Jesus wußte genau, worauf es ankam, wo die Prioritäten lagen. Und da, wo deine Prioritäten sind, setzt du auch deine Zeit ein.

Aus solchen Gründen war Jesus nie unter Zeitdruck. Er wußte um den Sinn seiner Aufgabe, weil durch die Zeiten, die er mit seinem Vater allein verbracht hatte, sein geistliches Empfinden geschärft worden war. Und er wußte, welche Menschen seinen Auftrag weiterführen würden, wenn er schon zu seinem Vater im Himmel zurückgekehrt sein würde. Es fiel ihm niemals schwer, zu Einladungen und Aufgaben ein entschiedenes NEIN zu sagen, die in unseren Augen vielleicht gut oder annehmbar ausgesehen hätten.

Es gab eine Periode in meinem Leben, in der ich diese Fähigkeit Jesu unbedingt auch besitzen wollte. Ich wollte meine Zeit richtig einteilen und frei sein von dieser täglichen Hetzerei, bei der man seiner Zeit ständig hinterherläuft. Ist dies möglich? Nicht auf die Art, mit der ich die Sache anfing!

Der junge Pfarrer, der am Ende meiner Vorlesung auf mich zugekommen war, wollte mehr wissen. Ich wollte mich an einem anderen Tag mit ihm verabreden. Vielleicht könnte ich ihm dann einige praktische Hilfen geben. Aber ich würde ihm gegenüber vollkommen ehrlich sein müssen. Am meisten hatte ich nämlich dadurch gelernt, daß ich immer wieder auf die Nase gefallen war.

Anmerkung für Desorganisierte

Wenn meine Verborgene Welt in Ordnung ist, dann deshalb, weil ich begonnen habe, meine »Zeitlöcher« zu stopfen und meine produktiven Stunden im Licht meiner Fähigkeiten, meiner Grenzen und meiner Prioritäten einzuteilen.

Kapitel 7

Wie ich meine Zeit wiedergewinnen kann

Der junge Pfarrer verabredete sich mit mir, um die Unterhaltung einige Tage später fortzusetzen. In der Zwischenzeit versuchte ich mich an das zu erinnern, was mir in den vergangenen Jahren zu einer geordneten Zeitplanung verholfen hatte. Was hatte ich durch mein Versagen gelernt? Was hatte ich durch Gespräche mit Menschen wie diesem jungen Mann gelernt?

Je mehr ich über diesen Lernprozeß nachdachte, desto mehr erkannte ich, wie wichtig es ist, so früh wie möglich im Leben die Zeiteinteilung in den Griff zu bekommen. Während ich all das niederschrieb, bemerkte ich, daß es eigentlich nur ein paar Grundprinzipien gab. Doch bis man diese beherrscht, gibt es immer große und oft entmutigende Probleme mit der Zeiteinteilung. Das, was ich für dieses nächste Gespräch aufschrieb, nannte ich:

MacDonalds Regeln für schlechte Zeitplanung

Regel Nr. 1: Schlechte Zeitplanung fördert meine Schwächen.
Bei meinem Amtsantritt hatte ich noch kein Gespür für meine Berufung und nahm zu viel Rücksicht auf meine Schwächen. So verwendete ich unverhältnismäßig viel Zeit auf Dinge, für die ich nicht gerade begabt war, während die Aufgaben, die ich ausgezeichnet hätte lösen können, liegenblieben.

Ich kenne viele christliche Leiter, die offen zugeben würden, daß sie bis zu 80 Prozent ihrer Zeit für Dinge vergeuden, die nur zweitklassig sind. So ist beispielsweise meine stärkste Gabe die der Predigt und der Lehre. Und obwohl ich nicht schlecht in Sachen Verwaltung bin, so ist das ganz sicher nicht der beste Pfeil in meinem Köcher.

Warum habe ich also früher fast 75 Prozent meiner Zeit auf Verwaltungsdinge verwendet und nur relativ wenig Zeit auf das notwendige Studium und die Vorbereitung auf gute Predigten? Deshalb, weil unkontrollierte Zeit in die abschüssige Bahn unserer Schwächen fließt. Als ich merkte, daß ich mit einem Minimum an Vorbereitung auch noch eine ganz gute Predigt zustande bringen konnte, gab ich auf der Kanzel weniger als mein Bestes. Das passiert, wenn man die Zeiteinteilung nicht wichtig genug nimmt und nicht daran arbeitet.

Schließlich begann ich, etwas Entscheidendes zu tun. Einige sensible Laien kümmerten sich um mich und halfen mir, herauszubekommen, was mit mir los war und wo ich mein Potential vergeudete. Mit ihrer Hilfe entschied ich mich dazu, die Verwaltung unseres Gemeindedienstes an einen Pfarrer zu übergeben, der Erfahrung im Verwaltungswesen hatte. Zunächst war das gar nicht so einfach, denn ich wollte doch noch bei jeder Entscheidung meine Meinung äußern und Mitspracherecht haben. Ich mußte alles vollständig loslassen und ihm übergeben. Aber so klappte es! Und als ich endlich unserem Verwaltungspfarrer völlig vertrauen konnte (was nicht schwer war), hatte ich eine ungeheure Energie für Dinge frei, für die ich, Gott sei Dank, begabt bin.

Du kannst sagen: »Das ist natürlich einfach, wenn genug Geld da ist, um jemanden einzustellen, der meine Schwächen ausgleicht.« Und vielleicht bringen uns derartige Kommentare in manchen Fällen auf den *Grund* unserer Frustration, wenn uns die Zeit zwischen den Fingern zerrinnt. Ich muß allerdings hinzufügen, daß es ungeahnte Möglichkeiten gibt, Arbeitsteilung kreativ zu gestalten. Zuerst müssen wir uns Zeit nehmen und überlegen: Wer kann was am besten? Das läßt sich in Familie, Beruf und Gemeinde anwenden.

Regel Nr. 2: Schlechte Zeitplanung fördert den Einfluß dominierender Menschen in meiner Umgebung.

Eine bekannte »geistliche Regel« besagt: »Gott liebt dich und hat einen Plan für dein Leben.« Menschen, die nicht die Kontrolle über ihre Zeit haben, entdecken, daß man dasselbe von dominierenden Menschen sagen kann.

Menschen, die sich keinen eigenen Zeitplan gemacht haben und diese Regel nicht einhalten, merken, wie andere in ihr Leben eindringen und ihnen Termine und Prioritäten aufzwingen. Als junger Pfarrer entdeckte ich, daß ich aufgrund meiner Disziplinlosigkeit jedem hilflos ausgeliefert war, der mich besuchen, mit mir einen Kaffee trinken oder meine Teilnahme bei einem Ausschußtreffen haben wollte. Wie konnte ich auch »nein« sagen, da mein Kalender ja völlig unorganisiert war? Besonders, weil ich es doch als junger Mann jedermann recht machen wollte.

Und aus dieser Desorganisation heraus vergeudete ich nicht nur meine kostbarste Zeit, sondern betrog auch meine Familie häufig um wertvolle

Stunden, die ich ihnen eigentlich schuldig war. Und so ging es weiter: Starke Menschen in meiner Umgebung kontrollierten meine Zeit besser als ich, da ich nicht vor ihnen die Initiative dazu ergriffen hatte.

Regel Nr. 3: Schlecht geplante Zeit fällt jeder Notlage zum Opfer.
Charles Hummel sagt es am besten in einem kleinen, ausgezeichneten Büchlein: Uns regiert die Tyrannei des Dringenden. Diejenigen unter uns, die irgendeine Verantwortung als Leiter im Beruf, zu Hause oder im Glauben haben, werden ständig mit irgendwelchen Dingen konfrontiert, die unsere sofortige Aufmerksamkeit verlangen.

Im Sommer waren unser zweiter Pfarrer und ich gleichzeitig im Urlaub; da erhielt unser Diakon für christliche Erziehung einen Anruf von einem Gemeindemitglied, das mich für die Beerdigung eines entfernten Verwandten haben wollte. Als er erfuhr, ich sei für einen Monat verreist, verlangte er den zweiten Pfarrer und war enttäuscht, daß dieser ebenfalls abwesend war. Man bot ihm die Dienste einer der anderen mitarbeitenden Pfarrer an, die er jedoch zurückwies: »Nein, unter Nummer 2 mache ich es nicht.«

Diese und ähnliche Denkweisen bringen Leiter in Streßsituationen. Jeder hätte gern die Aufmerksamkeit der Person Nummer 1. Jeder Ausschuß, jede Kommission sähe gerne Nummer 1 bei ihrem Treffen, auch wenn sie nicht immer ihre Meinung hören wollen. Die meisten Leute in irgendwelchen Schwierigkeiten erwarten die sofortige Lösung ihres Problems von dem ersten Leiter.

Eines Samstagnachmittags klingelte bei uns zu Hause das Telefon, und am anderen Ende war eine traurige Frauenstimme zu hören. »Ich muß sofort zu Ihnen kommen«, sagte sie. Als ich ihren Namen erfuhr, wußte ich sofort, daß ich diese Frau nie zuvor kennengelernt hatte und daß sie nur sehr selten in unsere Kirche gekommen war.

»Warum müssen Sie unbedingt sofort kommen?« fragte ich. Dies war eine wichtige Frage, eine von mehreren, die ich inzwischen aus meiner Erfahrung heraus stelle. Hätte die Frau vor vielen Jahren angerufen, als ich noch jung und unerfahren war, wäre ich sofort auf ihre Not eingegangen und hätte alles dafür getan, sie in den nächsten zehn Minuten in meinem Arbeitszimmer zu sehen, auch wenn ich mich eigentlich auf meine Familie gefreut oder mitten in der Arbeit gesteckt hätte.

»Meine Ehe geht kaputt«, sagte sie.

Daraufhin fragte ich: »Wann haben Sie bemerkt, daß sie dabei ist kaputtzugehen?«

»Letzten Dienstag«, kam die Antwort.

Ich stellte ihr eine weitere Frage: »Seit wann, glauben Sie, ist dieser Prozeß in Ihrer Ehe im Gange?« Ihre nächste Aussage war unvergeßlich. »Ach, das läuft nun schon seit fünf Jahren darauf hinaus.« Es gelang mir, meine wirkliche Reaktion zu unterdrücken, und ich sagte: »Da Sie das nun schon seit fünf Jahren kommen sehen und bereits seit letzten Dienstag wissen, daß es jetzt soweit ist, warum wollen Sie mich gerade jetzt sehen? Das muß ich wissen.« Sie antwortete: »Ich hatte eben heute nachmittag ein wenig freie Zeit und dachte mir, es wäre gut, Sie heute zu besuchen.«

Regel Nr. 3 hätte normalerweise besagt, daß ich ihrem Wunsch, mich sofort zu sehen, nachgegeben hätte. Aber inzwischen war meine Zeit schon sehr gut geplant, und so sagte ich: »Ich kann Ihr schwerwiegendes Problem schon verstehen. Aber ich werde jetzt einmal sehr offen zu Ihnen sein. Morgen früh muß ich dreimal predigen und habe noch einiges dafür vorzubereiten. Da Sie bereits seit einigen Jahren mit dieser Situation leben und seit einigen Tagen intensiv darüber nachdenken, schlage ich Ihnen vor, mich Montag früh anzurufen, um einen Termin auszumachen, an dem ich dann auch gedanklich freier bin. Ich will Ihnen gerne meine ganze Aufmerksamkeit widmen, aber das ist heute nachmittag nicht möglich. Sind Sie damit einverstanden?«

Sie stimmte sofort zu und sah meine Bedenken ein. Auf diese Weise war jedem gedient. Ihr, weil sie wußte, daß wir einen Termin ausmachen würden, und mir, weil ich mir meine Zeit für das Wichtigste an diesem Samstagnachmittag freigehalten hatte. Etwas scheinbar so Wichtiges hatte meinen Zeitplan nicht durchbrechen können. Das, was am lautesten schreit, ist nicht immer das Wichtigste.

In seiner geistlichen Autobiographie *»While It Is Yet Day«* schreibt Elton Trueblood:

> »Jemand, der im Rampenlicht steht und häufig der Öffentlichkeit zugänglich ist, muß lernen, sich zu verbergen. Wenn er immer zur Verfügung steht, ist seine Gegenwart nichts mehr wert. Einmal schrieb ich ein Kapitel in dem Union-Bahnhof von Cincinnati und versteckte mich auf diese Weise, weil niemand wußte, wer der Mann mit dem Manuskript war. So kam fünf wundervolle Stunden bis zur Abfahrt des nächsten Zuges nach Richmond niemand auf mich zu. *Wir müssen die Zeit, die uns gegeben ist, nutzen, denn es gibt nie genug davon.«* [1]

Regel Nr. 4: Durch schlechte Zeiteinteilung wird man in Dinge verwickelt, die öffentlichen Beifall finden.
Anders gesagt, wenn wir unsere Zeit schlecht einteilen, werden wir sie auf Dinge anwenden, die uns aller Wahrscheinlichkeit nach den schnellsten und größten Beifall bringen.

Als meine Frau und ich jung verheiratet waren, merkten wir, daß wir am häufigsten zu Banketts und Einladungen verschiedenster Art gebeten wurden, wenn wir dazu bereit waren, Solos und Duette zu singen. Es war angenehm, den rauschenden Applaus zu empfangen und immer mehr an Popularität zu gewinnen. Aber musikalische Darbietungen entsprachen einfach nicht unserem Ruf oder unserer Priorität. Der Ruf hieß: Prediger und Seelsorger. Leider waren junge Prediger nicht gerade gesucht, und es war eine große Versuchung, das zu tun, wonach die Leute fragten.

Wir hatten eine schwierige Entscheidung zu treffen. Wollten wir unsere Zeit nach den Wünschen der anderen verplanen? Oder wollten wir uns beugen und uns dem Wichtigsten zuwenden: lernen zu predigen und als Seelsorger zu dienen. Glücklicherweise entschieden wir uns, die verführerische erste Gelegenheit zu meiden und uns der zweiten Möglichkeit zuzuwenden. Es lohnte sich.

Wir mußten während unseres Ehelebens viele derartige Entscheidungen treffen. Und ich traf mehr als einmal die falsche. Eine Zeitlang versprach ich mir Erfolg davon, weit über Land zu fliegen, um vor einer Versammlung zu sprechen. In Wirklichkeit vergeudete ich meine Zeit. Der alte Spruch: »Ich würde durch das ganze Land reisen, um eine Predigt zu halten; aber nicht einmal über die Straße gehen, um mir eine anzuhören« ist nur allzu wahr und deshalb sehr unbequem. Früher erschien es mir als besondere Ehre, am Kopfende eines Tisches zu sitzen, wo Politiker ein Gebetsfrühstück hatten, oder in einer christlichen Radiosendung interviewt zu werden, aber es war nicht immer das, was ich eigentlich hätte tun sollen.

Auf diese Weise verfolgen die Regeln der nicht geplanten Zeiteinteilung den undisziplinierten Menschen immer wieder, bis er sich dazu entschließt, selbst die Initiative zu ergreifen, bevor es andere Menschen oder Umstände für ihn tun.

Wie man Zeit zurückgewinnen kann

Während ich Materialien für das anstehende Gespräch mit dem jungen Pfarrer zusammensuchte, blickte ich auf meine eigene Erfahrung zurück und versuchte, die Prinzipien herauszufiltern, durch deren Anwendung ich ein wenig Ordnung in meine Verborgene Welt gebracht habe. Und während ich mich nochmals in diesen Lernprozeß hineinversetzte, stieß ich auf drei Schlüssel zur Lösung dieses Problems.

1. Ich muß wissen, wann ich am effektivsten arbeiten kann.
Als ich einmal meine Arbeitsgewohnheiten hinterfragte, stieß ich auf einige wichtige Punkte. Es gibt verschiedene Aufgaben, die ich am besten zu bestimmten Zeiten und unter bestimmten Bedingungen erledigen kann.

So kann ich mich beispielsweise am Anfang der Woche nicht effektiv auf die Sonntagspredigt vorbereiten. Zwei Vorbereitungsstunden an einem

Montag bringen mich kaum weiter, während eine Stunde am Donnerstag oder Freitag unschätzbar wichtig ist. Ich kann mich einfach besser konzentrieren. Auf der anderen Seite kann ich am Wochenanfang am besten mit Menschen sprechen, weil die Spannung, in der ich vor einer Predigt bin, noch nicht eingesetzt hat. Und so nimmt die Effektivität von Gesprächen ungefähr am Mittwoch ab, weil mich die Sonntagspredigt beschäftigt.

Diese Beobachtung kann ich noch verfeinern. Für Studien nehme ich mir am besten frühmorgens Zeit, da ich dann meistens allein bin. Zeit für Gespräche oder Besprechungen nehme ich mir am besten am Nachmittag, weil ich mich dann besser auf Menschen einstellen kann.

Das Nachdenken über meinen eigenen Rhythmus hat mir gezeigt, daß ich meine Studien- und Vorbereitungszeit auf die zweite Hälfte der Woche legen und mich in der ersten Hälfte eher Menschen und anderen Veranstaltungen öffnen soll. So ist bei meiner Zeitplanung mein Lebensrhythmus berücksichtigt.

Ich habe auch bemerkt, daß ich ein »Morgenmensch« bin. Ich kann früh aufstehen und einigermaßen munter sein, wenn ich am Vorabend relativ früh zu Bett gegangen bin. Deshalb ist es in meinem Fall wichtig, regelmäßig zur selben Zeit schlafen zu gehen. Als unsere Kinder noch klein waren, hatten wir dieses Prinzip bei ihnen angewandt. Ich weiß auch nicht, warum es uns niemals gedämmert hat, daß regelmäßiges Zubettgehen für uns Erwachsene vielleicht auch nicht das schlechteste wäre. Als ich es endlich einsah, versuchte ich, jede Nacht zur selben Zeit schlafen zu gehen.

Nachdem ich den Artikel eines Spezialisten über Schlaf gelesen hatte, versuchte ich herauszufinden, wieviel Schlaf ich unbedingt benötigte. Dieser Mann behauptete, man könne sein Schlafbedürfnis selbst herausfinden, indem man drei Tage hintereinander den Wecker auf dieselbe Zeit einstelle und dann sofort aufstünde. In den nächsten drei Tagen sollte man den Wecker zehn Minuten vorstellen. Und wenn man dies im 3-Tage-Rhythmus fortsetzen und den Wecker gleichmäßig vorstellen würde, könne man schnell den natürlichen Müdigkeitspunkt herausfinden. Ab einem bestimmten Punkt würde man sich den Tag über nicht mehr gründlich ausgeruht fühlen. Ich probierte es und fand heraus, daß ich eigentlich viel früher aufstehen könne, als ich mir vorgestellt hatte, und gewann so zwei wertvolle Stunden.

Es gibt also einen wöchentlichen Rhythmus, ebenso wie einen Tages- und einen Jahresrhythmus. Ich bemerkte, daß mich in manchen Monaten im Jahr eine emotionelle Müdigkeit erfaßte, Zeiten, in denen ich vor Menschen und vor Verantwortlichkeiten fortrennen wollte. Dem mußte ich mich stellen.

Andererseits gab es Jahreszeiten, in denen ich als christlicher Leiter einfach stärker sein mußte, weil viele Menschen um mich herum mit zu großer Müdigkeit und Druck zu kämpfen hatten. Dies trifft beispielsweise auf die Monate Februar und März zu, wenn wir in Neuengland mit den Auswirkungen eines langen Winters zu kämpfen haben und leicht reizbar und kritisch sind. Ich habe gelernt, anderen in solchen Zeiten besonders viel Mut zu machen. Wenn dann im Frühling die Menschen wieder aufleben, kann ich mich selbst ein wenig zurücklehnen. Es war mir eine große Hilfe, derartige Rhythmen zu erkennen, denn nun konnte ich mich im voraus darauf einstellen.

Eine andere Erkenntnis war, daß sich die Sommermonate besonders gut zum Lesen eignen und dafür, mich geistlich auf das kommende Jahr vorzubereiten. Von Januar bis März bin ich häufig mit Menschen zusammen (aus den eben genannten Gründen), weil sich dann die Seelsorgetermine häufen. All meine Bücher wurden in Sommermonaten geschrieben. Im Winter hätte ich dafür niemals Zeit gehabt.

Da ich jetzt meinen Rhythmus kenne, überrascht es mich nicht, wenn ich mich nach einer Periode, in der ich viel predigen und sprechen mußte, innerlich völlig leer fühle. Ich kann nicht Tag für Tag weit über meinem Emotionslevel leben, ohne daß ich mich auch einmal emotionell gehenlassen darf, um die verlorene Kraft wiederzugewinnen. Deshalb ist es in meinem Fall ratsam, montags keine wichtigen Entscheidungen zu treffen, denn ich habe einen Tag voller Predigten hinter mir. Und wenn ich in der Ferienzeit hart gearbeitet habe, ist es gut, wenn ich mich danach eine Zeitlang ausruhe.

Es gab eine Zeit, in der ich noch nicht gelernt hatte, auf meinen persönlichen Rhythmus zu achten. Ich erinnere mich an einen Tag, an dem plötzlich alles einzustürzen drohte. Innerhalb einer Woche hatte ich zwei sehr traurige Begräbnisse zu übernehmen und hatte die vergangenen zehn Tage zu wenig geschlafen. Außerdem las ich gerade ein trauriges Buch und hatte kaum Stille Zeit gehalten. Auch hatte ich mir wenig Zeit für meine Familie genommen und war an einem Punkt der Frustration angelangt. Wen sollte es da noch wundern, daß ich eines Samstagnachmittags mitten in dieser kleinen persönlichen Krise plötzlich zu weinen begann. Beinahe drei Stunden lang konnte ich den Tränenstrom nicht aufhalten.

Obwohl ich von einem klassischen Zusammenbruch noch weit entfernt war, lernte ich aus dieser schmerzlichen Erfahrung, wie wichtig es ist, Druck und Streß standhalten zu können und zu wissen, wann und wie ich am besten bestimmte Aufgaben meistern kann. Etwas Derartiges sollte nicht mehr geschehen, und es ist auch nie mehr vorgekommen. Diese Erfahrung hatte mir einen zu großen Schock versetzt, und ich beschloß, nie wieder emotionell so tief zu fallen. Ich mußte mir meine Zeit einfach besser einteilen.

Jetzt kann ich sehr gut einen Brief an William Booth, den Gründer der Heilsarmee, verstehen, den er einmal von seiner Frau erhielt, als er sich auf einer ausgedehnten Reise befand. Sie schrieb:

»Ich habe Deinen Brief vom Donnerstag erhalten und bin froh, daß Deine Arbeit so gut vorangeht, aber es tut mir leid, daß Du so abgespannt bist. Ich habe Angst, daß die Aufregungen und Anstrengungen Auswirkungen auf Deine Gesundheit haben, und obwohl ich Dich nicht davon abbringen möchte, will ich Dich doch davor warnen, Deine Kraft unüberlegt zu verschwenden.
Erinnere Dich daran, daß ein langes Leben regelmäßiger, guter geistlicher Arbeit doppelt soviel Freude bringen wird als ein Leben, das durch verrückte und große Anstrengungen verkürzt und zerstört wurde. Geh vorsichtig und sinnvoll mit Deiner Kraft um, wann und wo immer der Aufwand unnötig ist.«[2]

Ich brauche gute Kriterien für meine Zeiteinteilung

Vor Jahren teilte mir mein Vater folgende Lebensweisheit mit: »Den Charakter eines Menschen kann man daran messen, welche Möglichkeiten er in seinem Leben annimmt bzw. ausschlägt. Deine Herausforderung«, sagte er, »wird nicht darin bestehen, das Gute vom Schlechten zu trennen, sondern aus all dem Guten *das Beste* herauszupicken.« Damit hatte er vollkommen recht. Ich mußte wirklich lernen, und manchmal fiel es mir nicht leicht, daß ich zu bestimmten Dingen, die ich gern getan hätte, »nein« sagen mußte, damit ich zu den besten Dingen »ja« sagen konnte.

Seinem Rat zu folgen bedeutete, gelegentlich zu Essenseinladungen und Sportereignissen an Samstagabenden »nein« zu sagen, damit ich Sonntag morgens geistig und körperlich frisch sein konnte. Es bedeutete, »nein« zu Vorträgen zu sagen, die ich gerne gehalten hätte.

Manchmal fallen mit derartige Entscheidungen schwer, einfach weil ich die Anerkennung der Leute schätze. Wenn jemand lernt, zu eigentlich guten Dingen »nein« zu sagen, geht er das Risiko ein, sich Feinde zu schaffen und Kritik zu ernten. Und wer kann das schon gebrauchen? Aus diesem Grunde fällt es mir schwer, »nein« zu sagen.

Ich habe entdeckt, daß die meisten Leute, die in irgendeiner Form Leitung ausüben, dasselbe Problem haben. Aber weil wir unsere Zeit unter Kontrolle haben müssen, bleibt uns nichts anderes übrig, als in den sauren Apfel zu beißen und ein höfliches, aber festes »Nein« zu Möglichkeiten zu sagen, die gut, aber nicht die besten sind.

So wie Jesus in seinem Dienst vorgelebt hat, braucht man ein Gespür für seine Berufung. Wozu sind wir berufen? Was können wir am besten mit unserer Zeit anfangen? Wo liegen die Notwendigkeiten, ohne die wir nicht weiterkommen? Alles andere muß man zurückstellen können, und zwar freiwillig, nicht unter Zwang.

Der Autor C. S. Lewis drückte dies einmal in seinen *»Briefen an eine amerikanische Dame«* sehr treffend aus, als er sich über die Wichtigkeit dieser Entscheidungen äußerte:

> »Seien Sie nicht so leicht davon überzeugt, daß Gott wirklich alle möglichen Arbeiten von Ihnen fordert, die Sie eigentlich gar nicht tun müssen. Jeder muß seine Pflicht ›in der Lebenslage erfüllen, in der Gott ihn ruft‹. Denken Sie daran: etwas zu tun, nur um irgend etwas zu tun, ist typisch weiblich, typisch amerikanisch und typisch modern: Diese *drei* Schleier können Sie von der richtigen Sicht trennen! Es gibt genauso eine Unmäßigkeit beim Arbeiten wie beim Trinken. Was sich zunächst nach Eifer anhört, kann reine Nervosität sein oder sogar der pure Drang nach Selbstbestätigung. Wenn man tut, was die eigene Stellung und ihre Pflichten gar nicht verlangen, ist man nicht mehr leistungsfähig genug für die Pflichten, *die verlangt sind,* und man wird ihnen nicht gerecht. Geben Sie Maria doch auch eine kleine Chance, nicht nur Martha!«[3]

Ich bin Herr über meine Zeit, wenn ich sie weit im voraus plane

Dieser letzte Punkt ist der wichtigste; hier wird die Schlacht entweder gewonnen oder verloren.

Ich habe es durch Schwierigkeiten gelernt, daß Grundelemente meiner Zeiteinteilung acht Wochen vor dem tatsächlichen Termin in meinem Kalender eingetragen sein müssen. Acht Wochen!

Wenn wir jetzt zum Beispiel August haben, denke ich bereits an Oktober. Was steht dann also in meinem Kalender? Die unerläßlichen Dinge meines Privatlebens: meine geistlichen Schüler, meine geistigen Übungen, meine Sabbatruhe und natürlich Verpflichtungen, die ich meiner Familie und meinen besonderen Freunden gegenüber habe. Darauf wird das zweite Drittel meiner Prioritäten in meinem Kalender eingetragen, nämlich die Einteilung der Arbeit, zu der ich mich verpflichtet habe: Predigtvorbereitung, Schreiben, Entwicklung von Leitern und Jüngerschaftsschulung.

Soweit wie möglich schreibe ich mir das viele, viele Wochen im voraus in meinen Kalender, denn je näher die betreffenden Termine rücken, desto mehr stehen die Leute vor der Tür, die meine Zeit in Anspruch nehmen wollen. Manche von ihnen brauchen wirklich ein Gespräch, und es sollte Zeit für sie gefunden werden.

Andere dagegen würden mir meine Zeit nur stehlen. Sie wollen einen Abend beschlagnahmen, den ich für meine Familie vorgesehen hatte. Oder sie wollen einen Termin an einem Morgen, den ich mir eigentlich für Vorbereitungen vorbehalten hatte. Es geht mir innerlich sehr viel besser, wenn diese Art von Arbeit irgendwo *zwischen* den anderen Terminen ihren Platz findet; ich habe dann ein sehr viel geordneteres Leben, als wenn ich mich von diesen dazwischenkommenden Terminen bestimmen lasse.

Eines Tages entdeckte ich, daß die wichtigsten Dinge in meiner Zeiteinteilung alle etwas gemeinsam hatten. Wenn ich sie nämlich ignorierte, machten sie sich nicht sofort bemerkbar. Ich konnte meine Stille Zeit vernachlässigen, und Gott schien darüber nicht sonderlich wütend zu sein. Eine ganze Zeit lang konnte ich so weitermachen, ohne mich dabei schlecht zu fühlen. Oder wenn ich mir keine Zeit für die Familie nahm, waren Gail und die Kinder normalerweise verständnisvoll und vergebend — sogar meist mehr als gewisse Leute in der Kirche, die sofort Aufmerksamkeit und Antwort forderten. Wo ich mich in erster Linie meinem Studium widmen wollte, konnte ich das eine Zeitlang auch tun. Solch ein Kartenhaus konnte ich getrost eine Weile bauen, ohne daß es einstürzte. Deshalb fiel es mir leicht, vieles zu verdrängen, wenn ich es nicht im voraus eingeplant hatte. Unwichtige Dinge konnten die wichtigen wochenlang beiseite schieben. Das Tragische dabei ist: Wenn man Familie, Ausruhen und geistliche Dinge vernachlässigt und es schließlich bemerkt, ist es oft schon zu spät, und das Kartenhaus stürzt ein.

Als unser Sohn Mark im Gymnasium war, war er ein erfolgreicher Athlet; unsere Tochter Kirsten war im Teenager-Alter gut im Theaterspielen und Musizieren. Beide nahmen an Wettkämpfen und Aufführungen teil. Es wäre sehr einfach gewesen, diese ganzen Vorführungen zu verpassen, wenn ich sie nicht Wochen im voraus in meinen Kalender eingetragen hätte. Meine Sekretärin schrieb die Termine, die die Kinder hatten, in den Kalender im Büro, und sie wußte sehr gut, daß ich diese Termine keinesfalls umstoßen würde.

Wenn jemand an solch einem »Spieltag« ein Gespräch mit mir suchte, mußte ich meinen Kalender herausziehen, mich nachdenklich am Kinn kratzen und sagen: »Tut mir leid, an diesem Tag kann ich nicht, ich habe bereits eine Verabredung. Aber was halten Sie von der folgenden Alternative?« So hatte ich selten ein Problem. Der Schlüssel lag einfach im Planen und Einteilen, und zwar Wochen im voraus.

Welche sind deine unaufschiebbaren Termine? Ich habe entdeckt, daß die meisten von uns, die sich darüber beschweren, daß sie desorganisiert sind, einfach keine Lösung dafür wissen. Sie schreiben die wichtigsten Dinge, die den entscheidenden Unterschied in ihrer Effektivität ausmachen würden, nicht in ihren Kalender, bis es dann zu spät ist. Was ist die Folge davon? Durcheinander und Frustration; die unwichtigen Dinge stehen reihenweise in unserem Kalender, bevor die wichtigen überhaupt hineinkommen. Und das bringt uns auf die Länge gesehen zu Fall.

Neulich fragte mich jemand, ob wir uns an einem bestimmten Tag zum Frühstück treffen könnten.

»Um wieviel Uhr?« fragte ich ihn.

»Sie stehen so früh auf«, sagte er, »warum nicht um sechs Uhr?«

Ich warf einen Blick in meinen Kalender und sagte: »Es tut mir leid, ich habe um diese Zeit bereits eine Verabredung. Geht es nicht auch um sieben?« Er war sofort damit einverstanden, aber dennoch sehr erstaunt darüber, daß ich in meinem Kalender zu dieser frühen Stunde bereits etwas eingetragen hatte.

Tatsächlich hatte ich eine Verabredung an diesem Morgen um sechs Uhr. Eigentlich sogar schon früher. Ich war mit Gott verabredet. Er stand für diesen Tag als erster im Kalender, so wie er jeden Tag dort als erster steht. Und das ist keine Verabredung, mit der man Kompromisse schließen kann. Das hat nichts damit zu tun, daß ich um jeden Preis und ständig meine Zeit unter Kontrolle halten wolle, sondern es ist der Beginn eines geordneten Tages, eines geordneten Lebens, einer gesunden Verborgenen Welt.

TEIL III

MOTIVATION
ZEIT-
EINTEILUNG
WIEDER-
HERSTELLUNG
WEISHEIT UND
ERKENNTNIS
GEISTLICHE
STÄRKE

Anmerkung für Desorganisierte

Wenn meine Verborgene Welt in Ordnung ist, dann deshalb, weil ich beschlossen habe, daß jeder Tag für mich ein Tag des Wachstums an Wissen und Weisheit sein soll.

Kapitel 8

Der Bessere unterlag

Die einzigen Goldmedaillen und Auszeichnungen, die ich jemals gewonnen habe, erhielt ich bei Aschenbahn- und Querfeldeinrennen. Obwohl ich ein erfolgreicher Läufer geworden wäre, wenn ich mehr dafür getan hätte, waren diese Wettkampfjahre in Schule und Universität dennoch für die Entwicklung meiner Selbstdisziplin und meines Charakters wichtig.

Von all diesen Jugenderfahrungen machte ich die größte an einem Frühlingstag in Philadelphia bei der Pennsylvania-Staffelmeile. An diesem Tag hatte ich als Startläufer unserer Schulstaffel die Aufgabe, in »meinem« 400-m-Abschnitt schneller als die anderen zu sein und an den zweiten Mann diesen Vorsprung weiterzugeben.

Falls der zweite unseres Teams erst im Pulk der Verfolger das Staffelholz erhielte, liefe er Gefahr, dadurch wertvolle Zehntelsekunden zu verlieren und in dem Geschubse und Gedränge einige Schrittlängen zurückzufallen. Der Anfangsvorsprung könnte also für den Endspurt am Ziel eine entscheidende Rolle spielen, besonders wenn es dann für den Sieg knapp wäre.

Unserem Team war die zweite Bahn zugelost worden, und ich war gespannt darauf, wem wohl die Innenbahn zugefallen war. Es stellte sich heraus, daß es sich um einen Läufer des Polytechnikums handelte, der schon sehr viele 100-m-Läufe gewonnen hatte. Wir waren bereits öfter auf der Sprintstrecke gegeneinander angetreten, und er hatte mich bei weitem geschlagen. Würde er mich auch jetzt schlagen können, wenn die Strecke 300 m länger war?

Offensichtlich glaubte er das, denn als er mir noch vor dem Start die Hand drückte, sagte er mit durchdringendem Blick: »MacDonald, der Beste soll gewinnen. Ich werde am Ziel auf dich warten.«

Man könnte das so eine Art psychologische Kriegsführung für Sportler nennen, und einen Augenblick lang brachte sie mich aus dem Gleichgewicht.

Der Startschuß ertönte, und der Polytechnikums-Läufer schoß an mir vorbei. Ich erinnere mich noch wie heute an das Stechen der Asche, die seine Spikes an meine Schienbeine warf, und im Nu war er um die erste Kurve verschwunden. Uns übrigen schien nur noch der Wettkampf um die Plätze 2—8 zu bleiben. In den ersten 50 Metern begann ich mich geistig darauf einzustellen, nur Zweiter zu werden, in der Hoffnung, das wenigstens zu schaffen.

Und so wäre ein kürzeres Rennen tatsächlich verlaufen. Irgendwo um die 300-m-Grenze herum änderten sich die Dinge jedoch. Der Läufer von der Poly-Schule, der so weit vorne lag, wurde plötzlich langsamer. Eine Sekunde später erreichte ich meine Höchstleistung, und während ich ihn überholte, konnte ich ihn schwer atmen hören. Er bewegte sich eigentlich kaum noch. In der Sprache der Athleten sagt man: die Luft war ihm ausgegangen. Ich kann mich nicht mehr daran erinnern, in welcher Position er schließlich das Ziel erreichte, aber ich weiß noch genau, daß ich dort auf ihn wartete und mich dabei schwer zusammennehmen mußte, um keine Schadenfreude zu zeigen.

An diesem Tag hatte ich eine wertvolle Lektion auf Kosten dieses Jungen von der Poly-Schule gelernt. Ungewollt hatte er mir beigebracht, daß selbst Männer und Frauen, die mit viel Begabung und Energie gesegnet sind, erst mal die *ganze* Strecke rennen müssen, bevor sie sich »Sieger« nennen können. Nach der ersten Kurve vorne zu liegen, bedeutet noch gar nichts, wenn man nicht die Kraft und Ausdauer hat, das Tempo bis zum Ziel durchzuhalten. Man muß dazu gleichmäßig durchziehen können, und ein guter Läufer ist darauf eingestellt, im Endspurt die Geschwindigkeit auf den letzten paar Metern noch zu erhöhen. Läuferisches Talent allein reicht nicht aus, wenn man nicht gleichzeitig genügend Ausdauer besitzt.

Kosten geistiger Schlaffheit

Ich habe diese Begebenheit erzählt, um einen weiteren Bereich unseres Innenlebens, der ständig in Ordnung gehalten werden muß, zu beleuchten. Wir können unsere Verborgene Welt nicht ohne starke geistige Ausdauer ordnen, nicht ohne das intellektuelle Wachstum, das daraus hervorgeht.

In unserer Streßgesellschaft fallen Menschen, die in ihrem Denken »aus dem Leim« gegangen sind, gewöhnlich Ideen und Systemen zum Opfer, die für den menschlichen Geist und die menschlichen Umgangsformen schädlich sind. Diese Personen werden zu solchen Opfern, weil sie ihr Denken niemals trainiert haben. Sie haben sich diesem lebenslangen Prozeß geistigen Wachstums nicht unterzogen. Wenn sie selbst geistig nicht stark sind, werden sie immer abhängiger von Gedanken und Meinungen anderer. Anstatt selber Ideen und Auswege zu finden, reduziert sich ihr Leben auf die Einhaltung von Regeln und Programmen.

Der Massenselbstmord in Guayana 1978 von den Anhängern des »People's Temple« ist ein deutliches Beispiel dafür, wohin solch kopfloses Verhalten führen kann. Weil sie Jim Jones erlaubten, das Denken für sie zu übernehmen, rannten die Anhänger selbst ins Unglück. Sie entleerten ihren Verstand und wurden dadurch abhängig von seinem Gedankengut. Als dann Jones' Denken nicht mehr richtig funktionierte, hatten alle die Konsequenzen zu tragen. Da hatte ein Führer versprochen, seine Gefolgsleute mitten in einer feindlichen und finsteren Welt zu leiten. Er bot ihnen Antworten und Nahrung. Menschen gaben ihr Recht auf unabhängige Entscheidungen für eine solche Sicherheit auf.

Menschen, die keine geistige Ausdauer haben, sind keinesfalls immer unintelligent. Sie haben nur nie darüber nachgedacht, daß man auch seinen Verstand gebrauchen muß, wenn ein Lebensstil entwickelt werden soll, der Gott gefällt. Allzuleicht fallen wir darauf herein, unseren Gedanken zu erlauben, schlaff und energielos zu werden, besonders dann, wenn starke Persönlichkeiten da sind, die unser Denken genausogut übernehmen könnten.

Solch »kopf«loses Handeln kann in einer unausgeglichenen und unchristlichen Familie beobachtet werden, wo eine Person alle anderen Familienmitglieder einschüchtert und sie dazu bringt, ihr jegliche Entscheidung oder Meinungsbildung zu überlassen. Es gibt viele Beispiele von Gemeinden, wo Laien das Denken einem besonders dominierenden Pfarrer überlassen. Im dritten Johannesbrief wird ein Mann namens Diotrephes angeklagt, ein Laienleiter, der, wie Jim Jones, buchstäblich jedermann unter seiner Kontrolle hatte. Die Christen hatten ihm einfach ihr Denken ausgeliefert.

Die Gefahr eines zu schnellen Starts

Wie in einem Wettlauf, in dem der natürlich talentierte Läufer mit extremer Geschwindigkeit startet, gibt es auch erwachsene Menschen, die diese Schnellstarts bevorzugen; nicht, weil sie besonders große Denker oder geistige Alleskönner sind, sondern eher, weil ihnen die natürlichen Möglichkeiten und nützlichen Verbindungen gegeben sind. Vielleicht hatten sie das Glück, in talentierten Familien aufzuwachsen, in denen die Menschen um sie herum sehr gesprächig waren und gut mit Ideen und dem Lösen von Problemen umzugehen vermochten. Infolgedessen haben sie dann wohl schon früh ein großes Selbstvertrauen erlangt. Unter solchen Bedingungen lernt man schon als junger Mensch, Führung zu übernehmen, gegen andere im Wettkampf anzutreten und in schwierigen Situationen selbst klarzukommen. Dieses Ergebnis könnte man »frühreifen Erfolg« nennen. Frühreifer Erfolg aber ist oft mehr Hindernis als Hilfe.

Jemand, der frühzeitig erfolgreich ist, lernt normalerweise schnell und kann mit geringstem Aufwand Spitzenleistungen erzielen. Meistens ist er mit guter Gesundheit und überströmender Energie gesegnet. Überall kommt er gut an und überzeugt. Der Schluß liegt nahe, er könne alles verwirklichen, was er sich in den Kopf gesetzt hat, da ihm die Dinge scheinbar zufallen.

Wie lange er so durchkommt, kann sich jeder selbst ausrechnen; daß es ein ganzes Leben so geht, ist vermutlich nur einigen wenigen Menschen vergönnt. Ich habe beobachtet, daß man in den frühen Dreißigern eines solchen Schnellstarters Anzeichen von Schwierigkeiten findet; zum Beispiel erste Hinweise darauf, daß er den Rest seines Lebenslaufes mit Ausdauer und Disziplin und nicht mit Talent laufen muß. Und wie der Läufer von der Poly-Schule, muß dieser Mensch sich eingestehen, daß langsamere Läufer mit besserer Kondition anfangen, ihn zu überrunden.

In der Seelsorge habe ich mit Leuten gesprochen, die in der Mitte ihres Lebens aus diesem Grunde Schwierigkeiten bekamen. Ich sehe eine erschreckend hohe Zahl erschöpfter und geistig leerer Menschen, die nicht mehr weiterwachsen und ihr Leben nur noch darauf ausrichten, einen besseren Zeitvertreib zu haben.

Ich benutze das Wort *»Zeitvertreib«* absichtlich in seiner buchstäblichen Bedeutung. Man stellt sich dabei vor: *Funktion ohne Gedanken.* Wobei »Zeit« für »Funktion« steht und »Vertreib« für »Gedankenlosigkeit«. Funktionieren, ohne zu denken, führt zu einem Gefühl persönlicher Desorganisation. Wer sind diese Leute, die, ohne zu denken, nur noch funktionieren? Es können beispielsweise Menschen sein, von denen man noch vor 20 Jahren sagte: »Er wird es noch weit bringen.« Es kann ein Pfarrer sein, der mit 21 noch mit kraftvollen Predigten glänzte, ein Kaufmann, der seine Karriere mit einem bemerkenswerten Rekord von Verkäufen begann, oder die Frau, die in ihrer Klasse die Abschiedsrede halten durfte. Oft handelt es sich jedoch um Menschen, die niemals begriffen haben, daß man sein Denken fordern, füllen, trainieren und anstrengen muß, damit es funktioniert. Natürliches Talent bringt einen Menschen nur eine bestimmte Strecke weit und läßt ihn dann, weit vor der Ziellinie, im Stich.

Von der Notwendigkeit, das Denken zu disziplinieren

Der Verstand muß *geschult* werden, damit er denken, analysieren und Neues aufnehmen kann. Menschen, deren Verborgene Welt vollkommen organisiert ist, *arbeiten* daran, Denker zu werden. Ihr Denken ist rege, lebendig und dazu fähig, jeden Tag viele Informationen aufzunehmen, regelmäßig neue Erkenntnisse und Einsichten zu haben und Schlüsse daraus zu ziehen. Sie widmen sich einem täglichen Gedankentraining.

»Es kann keine lebendige Christenheit geben, bevor nicht mindestens drei ihrer Aspekte entwickelt sind«, schreibt Elton Trueblood, »dabei handelt es sich erstens um die innere Hingabe, zweitens den äußerlichen Dienst und drittens *verstandesmäßiges Planen und Einteilen des Lebens.*«[1] Der dritte Aspekt wird von den evangelikalen Christen am ehesten vernachlässigt, weil sie denken, er sei zu weltlich und stehe im Widerspruch zum Evangelium. Aber die Vernachlässigung des Verstandes führt letztlich zur Desorganisation der Verborgenen Welt.

Ich weiß, was frühreifer Erfolg bedeutet, weil ich auch in meinen frühen Dreißigern entdeckte, daß ich nur auf mein natürliches Talent baute und nicht genügend Aufmerksamkeit darauf verwendete, mein Denken weiterzuentwickeln. Ich begann einzusehen, daß ich etwas dafür tun muß, damit mein Denken in späteren Jahren ausreicht, wenn ich kurz vor dem Ziel noch einmal meine Denkgeschwindigkeit beschleunigen will, um mein Bestes zu geben.

Für mich bedeutet das: wenn ich effektiver predigen, verletzten Menschen gegenüber sensibler und verstehender reagieren und ein brauchbarer Leiter sein will, muß ich mich der ernsthaften Herausforderung stellen, meine geistigen Kapazitäten aufzubauen, damit ich in der Öffentlichkeit zurechtkommen kann. Obwohl ich intellektuell gesehen noch nicht völlig eingeschlafen war, arbeitete ich dennoch nicht so hart und diszipliniert, wie es erforderlich gewesen wäre, um die einfallsreiche und fruchtbringende Person zu sein, zu der Gott mich geschaffen hat.

Kein Wunder, daß ich die Auswirkungen der Desorganisation verspürte, wenn ich Situationen gegenüberstand, in denen ich nicht mehr ganz verstehen konnte, was da eigentlich im Gange war. Wie jemand, der ein zu schweres Gewicht heben will, versuchte ich, mit Vorstellungen und Schwierigkeiten fertig zu werden, für die ich geistig viel zu schwach war, um sie zu bewältigen.

Obwohl bibeltreue Christen sich unausgesprochen der christlichen Erziehung verschrieben haben, wurde bei ihnen oft die Entwicklung des Denkens zu klein geschrieben. Nur wenige von uns haben den Unterschied zwischen dem Ansammeln von Einzelheiten und Regeln und dem erfahrenen Umgang mit der Wahrheit begriffen. Es mag einige Menschen geben, die sich in vielen Bereichen ein wenig auskennen, aber das ist noch keine Garantie dafür, daß viele von uns tief und gründlich mit dem umgehen können, was sie wissen.

Ich habe Männer und Frauen beobachtet, die enorme Mengen von Informationen über die Bibel in ihren Kopf gepreßt haben. Sie haben es gelernt, ein reiches Vokabular richtigen christlichen Jargons zu gebrauchen. Ihr Gebetsfluß ist so beeindruckend, daß jeder um sie herum ehrfürchtig zuhört. Wir glauben, daß diese Menschen geistlich sind. Aber in anderen Situationen merken wir, daß sie steif und unflexibel sind, ja unfähig, sich verändern und erneuern zu lassen. Die Antwort auf jede ernsthafte Herausforderung an ihre Gedanken ist ein Zornesausbruch oder eine Anklage.

Wie andere bin auch ich zu der Überzeugung gelangt, daß Christen die stärksten, besten und kreativsten Denker der Welt sein sollten. Es war Paulus, der sagte, daß wir als Christen den Verstand Christi haben. Das eröffnet uns eine intellektuelle Bandbreite, die ein nicht erneuerter Verstand nicht hat. Das gibt uns eine ewige, zeitlose Perspektive, in der wir denken können. Weil Jesus in ein Fundament von Wahrheit gelegt ist, sollten unsere Ideen, unsere Analysen und unsere Neuerungen in diesem Zeitalter die bestimmende Kraft sein. Da es aber im Leben vieler Christen so eine Grundfaulheit und Desorganisation gibt, wird das nicht immer Realität. Und so vertun wir eines der größten Geschenke, die uns der Vater durch Jesus gemacht hat.

Der Missionar und Evangelist Stanley Jones schreibt:

> »Der Swami Shivanada, ein in Indien berühmter Swami, pflegte seine Jünger folgendes zu lehren: ›Töte dein Denken; und dann, erst dann, bist du fähig, zu meditieren.‹ Der christliche Standpunkt heißt: ›Du sollst den Herrn, deinen Gott, mit deinem ganzen Verstand lieben‹, mit der intellektuellen Natur, ›mit deinem ganzen Herzen‹, mit der emotionellen Seite; ›mit deiner ganzen Seele‹, der Natur des Willens; und ›mit all deiner Kraft‹, der physischen Natur. Der ganzheitliche Mensch soll ihn lieben; Denken, Gefühl, Wille, Kraft. Das Wort ›Kraft‹ kann aber auch die Zusammenfassung drei anderer Punkte bedeuten. Mancher liebt ihn mit der Kraft des Denkens und der Schwachheit seiner Emotion; zum Beispiel der Intellektuelle in der Religion; mancher liebt ihn mit der Kraft der Emotion und der Schwachheit des Denkens; das ist der Sentimentale in der Religion; mancher liebt ihn mit der Stärke des Willens und der Schwachheit der Emotion; das ist der steinharte Mensch, der nicht sehr zugänglich ist. Aber *Gott mit der Kraft des Denkens, mit der Kraft der Gefühle und der Kraft des Willens zu lieben, das macht den wahren Christen und den wirklich ausgeglichenen und starken Charakter aus.*«[2]

Viele Jahre lang war Admiral Hayman Rickover der Kommandant der amerikanischen Atomflotte. Seine Bewunderer wie auch seine Gegner hatten stark auseinandergehende Meinungen über den strengen und anspruchsvollen Admiral. Jahrelang wurde jeder Offizier an Bord eines Atom-U-Bootes persönlich von Rickover interviewt und getestet. Diejenigen, die ein solches Gespräch durchstehen mußten, kamen meistens zitternd vor Angst oder Wut oder total eingeschüchtert heraus. Unter ihnen war der spätere Präsident Jimmy Carter, der vor Jahren bei Rickover in den Dienst treten wollte. Hier seine Aufzeichnungen über ein Interview mit dem Admiral:

> »Ich hatte mich für das Atom-U-Boot-Programm gemeldet, und Admiral Rickover interviewte mich für diese Arbeit. Ich traf diesen Mann zum ersten Mal. Wir saßen alleine in einem großen Raum, und er überließ die Wahl der Themen völlig mir. Mit großer Sorgfalt wählte ich diejenigen, über die ich am meisten wußte: die letzten Ereignisse, die Seemannskunst, Musik, Literatur, verschiedene Taktiken auf See, Elektronik, das Geschützwesen, und er begann mir nach und nach Fragen zu stellen, die immer schwieriger zu beantworten waren. Was auch immer ich antippte: jedesmal fand er schnell heraus, daß ich über das, wovon ich sprach, nur wenig wußte.
> Er schaute mir immer gerade in die Augen und lächelte nie. Der kalte Schweiß trat mir aus allen Poren.
> Am Ende stellte er mir eine Frage, bei der ich dachte, mich wieder ins rechte Licht rücken zu können. Er sagte: ›Welchen Rang hatten Sie in Ihrer Klasse bei der Marineakademie?‹ Da ich bereits das zweite Jahr an der technischen Schule in Georgia absolviert hatte, bevor ich in Annapolis begann, und daher sehr gut abgeschlossen hatte, schwoll mir die Brust vor Stolz: ›Admiral Rickover, ich war der 59. von 820!‹ Dann lehnte ich mich zurück und wartete auf seine Glückwünsche, die jedoch ausblieben. Statt dessen stellte er mir die Frage: ›Haben Sie Ihr Bestes gegeben?‹ Ich wollte gerade ›ja‹ sagen, als ich mich jedoch daran erinnerte, wer mir diese Frage stellte, und dachte an viele Gelegenheiten in der Akademie, wo ich viel mehr über Alliierte, über unsere Feinde, Waffen, Strategien usw. hätte lernen können. Ich war auch nur ein Mensch. Schließlich schluckte ich und sagte: ›Nein, Admiral, ich habe nicht immer mein Bestes gegeben.‹
> Er schaute mich eine ganze Weile an, schwenkte dann in seinem Sessel herum, um so das Interview zu beenden. Er stellte eine abschließende Frage, die ich niemals vergessen habe und auch niemals beantworten konnte. Er fragte: ›Warum nicht?‹ Ich saß dort eine Zeitlang zutiefst getroffen und verließ dann langsam den Raum.«[3]

Diese Begebenheit war der Anstoß zu Carters Buch »Warum nicht das Beste?« — und es lohnt sich, über diese Begebenheit nachzudenken. Ist es nicht so, daß die Männer und Frauen, die mit Jesus gehen wollen, dem

Schöpfer verpflichtet sind, auf dem Gebiet des Denkens das Beste zu geben?

Das Denken ist doch die wundervolle Fähigkeit, die Gott dem Menschen gegeben hat, um das Material der Schöpfung zu entdecken und zu beobachten, um jedes Teil mit dem anderen zu vergleichen oder sie einander gegenüberzustellen und, wenn möglich, so zu gebrauchen, daß sie die Herrlichkeit des Schöpfers widerspiegeln. Denkende sehen alte Dinge auf eine neue Art; sie analysieren Hypothesen und trennen falsche von richtigen. Denker beschreiben manchmal alte Wahrheiten auf eine neue Weise und in einer neuen Form; sie helfen den anderen, sie ins Leben umzusetzen. Denker fällen kühne Entscheidungen, helfen uns, neu zu sehen und Hindernisse in vorher nicht geahnter Weise zu überwinden.

Das ist nicht nur etwas für großartige Leute oder Könner, es ist die Aufgabe eines jeden, der ein gesundes Denkvermögen hat. Wie bei unseren körperlichen Kräften, sind manche von uns stärker als andere, trotzdem müssen auch die Schwächeren ihrer Verantwortung nachkommen, den Körper oder das Denken zu gebrauchen.

Von Thomas Edison heißt es, daß er trotz seiner über 1000 Patente der Meinung war, er könne nur eine einzige seiner Erfindungen als seine originelle Idee bezeichnen, nämlich den Phonographen. Alle seine anderen »Erfindungen«, so sagt er, seien Nachempfindungen und Verbesserungen von Ideen, die andere Leute nicht durchentwickelt hätten.

Es täte uns gut, wenn wir uns selbt wie einen Schwamm betrachteten. Überall in seiner großartigen Schöpfung hat Gott Dinge versteckt, die der Mensch entdecken und sich daran freuen soll und womit er auch die Natur des Schöpfers selbst entschlüsseln kann. All diese Dinge sollten wir wie ein Schwamm aufsaugen.

> »Es ist Gottes Ehre, eine Sache zu verbergen, aber der Könige Ehre ist es, eine Sache zu erforschen« (Spr. 25,2).

Es war die Aufgabe des ersten Mannes und der ersten Frau, die Dinge, die Gott gemacht hatte, zu entdecken und zu benennen. Wegen ihres Ungehorsams gegen Gottes Gesetze verscherzten sie sich viele Gelegenheiten, Gottes wunderbares Werk zu entdecken. Nun mußten sie sich um das Überleben in einer feindlichen Welt sorgen, anstatt einfach weiterzuentdecken, was in dieser Welt erschaffen ist. Die Art ihrer Arbeit wechselte von jetzt auf gleich. Ich ahne, daß das himmlische Leben die ursprüngliche Form der Arbeit in gewisser Weise widerspiegeln wird.

Aber das Prinzip und Privileg des Entdeckens gilt für uns teilweise noch immer. Man kann einige Entdeckungen durch harte, körperliche Arbeit machen, z. B. Gold in einem Bergwerk gewinnen. Andere Entdeckungen können wir machen, indem wir Prozesse lebender Dinge in einer

Pflanze, in einem Tier und in den menschlichen Königreichen entdecken. Die Erforschung der Schöpfung geschieht größtenteils mit dem Verstand. Wir decken Ideen und Wahrheiten auf, so wie sie sind. Dann versuchen wir, sie in eine möglichst künstlerische Form zu gießen, sie zu verherrlichen und erfindungsreich mit ihnen umzugehen.

Denken ist eine großartige Arbeit. Am besten geht es mit einem gut trainierten Denkapparat, ebenso wie der Körper eines Wettläufers gut durchtrainiert und in Form sein muß. Die besten Gedanken werden hervorgebracht, wenn sie Gottes königlicher Herrschaft über die ganze Schöpfung Achtung zollen. Wie traurig ist es, daß große gedankliche und künstlerische Leistungen von Männern und Frauen erbracht werden, die kein Interesse an dem allwissenden Schöpfer haben. Sie denken und erfinden, um sich selbst größer zu machen oder ein menschliches System zu entwickeln, das davon ausgeht, ohne Gott zurechtkommen zu können.

Manche Christen scheinen Angst vor dem Denken zu haben. Sie halten fälschlicherweise das Sammeln von Tatsachen, Dogmen und Regeln für Denken. Sie fühlen sich unwohl, wenn Fragen offenbleiben, und sie sehen nicht, wie wichtig es ist, daß sie um große Ideen ringen, wenn sie nicht sofort eine einfache Antwort finden. Die Konsequenz ist, daß man im persönlichen Leben und in der geistigen Aktivität mittelmäßig wird und vieles von dem verliert, womit Gott seine Kinder eigentlich erfreuen wollte, wenn sie durch die Schöpfung wandern und seine Handschrift entdecken. Leben unter derartigen Umständen wird einfach zum *Zeitvertreib*, d. h. Funktion ohne Denken.

Der nichtdenkende Christ kann sich das nicht vorstellen, aber er wird gefährlich von der Kultur aufgesaugt, in die er eingebettet ist. Weil sein Denken untrainiert und leer ist, fehlt ihm die Fähigkeit, bohrende Fragen, mit der die Welt herausgefordert werden muß, zu produzieren. In einer säkularen Gesellschaft ist der moderne Christ dazu herausgefordert, zunächst einmal prophetische Fragen zu stellen, bevor sich eine Möglichkeit ergibt, jesusorientierte Antworten zu liefern.

Manchmal möchte sich der nichtdenkende Christ wegen der Informationsflut, die uns regelmäßig überschwemmt, am liebsten zurückziehen und das Denken einigen christlichen Eliteleitern oder Theologen überlassen.

Harry Blamires stellt in seinem aufschlußreichen Buch *»Das christliche Denken«* die Frage: Wo gibt es Christen, deren Verstand scharf genug ist, um einer Kultur entgegenzuwirken, die sich ständig von Gott wegbewegt? Er sucht nach Menschen, die vom christlichen Hintergrund aus über große moralische Zusammenhänge nachdenken. Ich teile seine Befürchtung, daß wir uns selbst hintergehen, wenn wir uns für Denker halten, es aber gar nicht sind. Blamires tadelt das öffentliche Erscheinungsbild der Christenheit sehr heftig:

»Die Christenheit ist kastriert worden, was ihre große intellektuelle Bedeutung angeht. Übriggeblieben ist vielleicht eine Geistigkeit und moralische Führung auf individueller Ebene; aber auf der Ebene unserer Gesellschaft ist sie kaum weniger als der Ausdruck sentimentalen Zusammenseins.«[4]

Wenn der Verstand des Christen einschläft, kann er der Propaganda eines nichtchristlichen Schemas zum Opfer fallen, das von Menschen aufgestellt wird, die ihre Denkfähigkeit nicht vernachlässigt und uns darin geradezu überholt haben.

Genau wie mein Trainer mich einst lehrte, meinen Körper so zu trainieren, daß ich ein ganzes Rennen durchstehe, mußte ich lernen, was andere genauso zu lernen haben: Denken muß trainiert werden. Die Verborgene Welt eines Christen wird schwach, unfähig zur Verteidigung und desorganisiert sein, wenn man diesem Teil intellektuellen Wachstums nicht ausdrücklich Aufmerksamkeit geschenkt hat.

Der Mann von der Poly-Schule war ein besserer Läufer, aber er verlor. Er verlor, weil ein 100-m-Talent für eine 440-m-Strecke nicht ausreicht.

Als ich einmal den Zustand des intellektuellen Teils meiner Verborgenen Welt auswertete, erkannte ich dankbar, daß einige natürliche Gaben oder einige Jahre Erziehung niemals aus mir den Mann machen würden, den Gott irgendwo auf der Welt dazu benutzen würde, seine Arbeit zu tun. Wenn ich durchhalte und auf der Ebene meiner Möglichkeiten brauchbar geworden bin, dann nicht, weil ich dazu äußerst talentiert gewesen wäre oder meinen Doktor gemacht hätte, sondern weil ich gelernt habe, die Muskeln meines Denkapparates in gute Kondition zu bringen.

Ich mußte ein Denker werden. Ich mußte mit den Richtungen vertraut werden, die die Geschichte einschlug. Ich mußte in Erfahrung bringen, wie ich die großen Ideen der Menschheit in den Griff bekommen sollte. Und ich mußte lernen, mir selbst ein Urteil über das zu bilden, was um mich herum geschah. Es war für mich an der Zeit, mit der Arbeit anzufangen — mit harter Arbeit! Andere Läufer holten jetzt auf, und das Rennen war noch lange nicht zu Ende. Ich wollte nicht in der ersten Kurve der Bessere, doch am Ziel der Verlierer sein, nur weil ich zwar Talent, doch keine Beharrlichkeit besaß.

Anmerkung für Desorganisierte

***Wenn meine Verborgene Welt in Ordnung ist,
dann deshalb, weil ich danach strebe, alles zu benutzen,
was ich im Dienst an anderen lerne, so wie es Jesus tat.***

Kapitel 9

Die Trauer eines nie gelesenen Buches

Eines Tages stöberten meine Frau und ich in einem Buchladen herum und suchten unter Büchern aus zweiter Hand nach ganz speziellen Titeln, die einem sehr Freude bereiten, wenn man sie nur erst gefunden hat. Gail fand eine Ausgabe einer Biographie von David Webster, die um 1840 herausgegeben worden war. Das Buch sah interessant aus. Und da wir Biographien sehr lieben, kaufte sie es.

Der Einband sah alt genug aus, um zu der Überzeugung zu kommen, daß es wohl häufig gelesen worden war. Man konnte sich vorstellen, daß es eine preisgekrönte Ausgabe in der Bücherei einer Familie Neuenglands über viele Generationen hinweg gewesen war. Vermutlich wurde es häufig verliehen und hatte verschiedenen Lesern Freude bereitet.

Weit gefehlt! Als Gail begann, das alte Buch durchzublättern, entdeckte sie, daß der Drucker die Seiten nicht sorgfältig geschnitten hatte, viele von ihnen konnten nicht aufgeschlagen werden, ohne daß wir sie vorher mit einem Messer aufschlitzten. Die zusammenhängenden Seiten waren der klare Beweis dafür, daß das Buch nie zuvor gelesen worden war! Von außen hatte es den Anschein, als wäre es ständig weitergereicht worden, aber es hatte offenbar nur diverse Bücherregale verziert, Türstopper gespielt oder einem Kind als Kissen gedient, damit es etwas höher sitzen und am Tisch essen konnte. Das Buch war sehr wohl benutzt, aber sicherlich niemals gelesen worden.

Ein Christ, der auf intellektuellem Gebiet stagniert, ist genau wie ein Buch, dessen Seiten ungeöffnet und ungelesen bleiben. So wie das Buch mag er wohl wertvoll sein, aber längst nicht so wertvoll, wie wenn er seinen Denkapparat trainiert und entwickelt hätte.

Unterziehe dich einem Wachstumsprozeß

Wenn sich jemand freiwillig dafür entscheidet, sein Denken zu nutzen, um als Person zu wachsen und sich zu entwickeln, bringt dies eine neue Ordnung in seine Verborgene Welt. Das Denkvermögen, das bei sehr vielen Menschen unterentwickelt ist, wird durch ganz neue Möglichkeiten reaktiviert, wenn sie sich nur diesem — wie ich ihn nenne — Wachstumsprozeß unterziehen.

Es gibt mindestens drei Richtungen, in die man die intellektuelle Seite seiner Verborgenen Welt entwickeln kann. Ich möchte sie Ihnen als ein Schema für geistliches Wachstum anbieten.

Rat Nr. 1: Man muß seinen Geist dazu erziehen, christlich zu denken. Diese Zielrichtung ist mir vertraut, weil ich in einem christlichen Umfeld aufgewachsen bin und von Kindheit an den ganzen Vorteil christlicher Lehre genossen habe.

Christlich zu denken heißt erkennen, daß unsere Welt von Gott geschaffen ist und ihm gehört, daß wir Rechenschaft für das ablegen müssen, was wir aus der Schöpfung machen, und daß es wichtig ist, Entscheidungen nach Gottes Geboten zu treffen. Das bezeichnet die Bibel als »Haushalterschaft«. Das christliche Denken sieht alle Lösungen und Ideen aus dem Blickwinkel, was Gott wünscht und was ihm Ehre geben kann.

Jemandem, der nicht von Kindheit an den Vorteil eines christlichen Umfeldes genießen konnte, fällt es nicht leicht, diese umfassende Perspektive zu bekommen. Wenn er in späteren Jahren seines Lebens ein Jünger Jesu wird, dann wird es für ihn schwierig sein, seine Instinkte und Reaktionen mit denen reiferer Mitbrüder zu vergleichen. Er wird dazu neigen, sich selbst zu gering zu sehen, und sich fragen, ob er in Glaubensdingen je Fortschritte machen werde.

Das Denken solcher Menschen ist mehr von ihrer Hingabe als von ihren christlichen Instinkten geprägt. Anders gesagt: Ein frischbekehrter Christ reagiert auf ein Problem oder auf eine Gelegenheit eher nichtchristlich. Er wird seine Reaktion zurücknehmen und durch eine gelernte christliche Antwort ersetzen müssen.

Jemand, der von Kindheit an christlich dachte, hat vielleicht immer die richtigen Reaktionen, es sei denn, er läßt sich mutwillig auf ein Leben in Rebellion ein. Aber ob er lediglich christlich denkt oder auch christlich handelt, ist eine andere Frage.

Ich beschreibe diese zwei Denkarten, weil ich herausgefunden habe, daß sie Menschen, besonders frischbekehrten Christen, helfen können, die mit dem Begriff des geistlichen Wachstums Schwierigkeiten haben. Sie wundern sich darüber, daß sie immer ein klein wenig hinter den älteren Christen zurückstehen und diese anscheinend nie einholen können. Der

Schlüssel ist häufig in der christlichen Kultur zu finden, die sicherlich von Vorteil ist und die Wichtigkeit der christlichen Familie bezeugt. Allerdings ist diese christliche Kultur immer seltener anzutreffen, weil die Welt um uns herum säkularer wird und von der christlichen Basis abdriftet.

Für den frischbekehrten Christen wird geistliches Wachstum im Heranbilden der christlichen Perspektive, der christlichen Antwort auf das Leben und des christlichen Wertsystems bestehen.

Derjenige, der schon lange Christ ist, hat Schwierigkeiten anderer Art. Obwohl er auf die meisten Situationen instinktiv christlich reagiert, ist vielleicht seine Hingabe nicht mehr so enthusiastisch wie die eines Frischbekehrten. Er setzt als selbstverständlich voraus, daß die christlichen Mechanismen automatisch greifen. Das aber kann auf lange Sicht sehr gefährlich sein. Ohne regelmäßige Erneuerung unserer Hingabe an Jesus führt christliches Denken zu einer toten Religion, einem langweiligen Glauben und zum uneffektiven Zeugnis von Gott. Alle, die mit dem Evangelium von Jesus aufgewachsen sind, müssen sehr darauf achten, dies zu vermeiden.

Rat Nr. 2: Unser Geist muß es lernen, auf die Botschaft, die Gott in die Schöpfung hineingelegt hat, zu achten und sie zu schätzen.

»Die Himmel erzählen die Ehre Gottes« (Ps. 19,1). Alles, was Gott gemacht hat, auch der Mensch, ist in erster Linie dazu geschaffen, die Ehre Gottes widerzuspiegeln.

Leider hat die Macht der Sünde die Fähigkeit, Gottes Ehre widerzuspiegeln, bei manchen Komponenten der Schöpfung eingeschränkt. Tatsächlich scheint sich die Sünde zuerst in der Menschheit breitgemacht und dann systematisch die ganze restliche Schöpfung entwertet zu haben. Dort, wo der Mensch die Schöpfung nicht durcheinanderbringen konnte, jauchzt sie ihre Botschaft heraus: Gott der Schöpfer sei gepriesen!

Der sich entwickelnde Geist, der nun mit der Liebe Christi gefüllt ist, untersucht die Schöpfung auf diese Botschaft hin. Je nach geistlichen und natürlichen Gaben kann jeder sie auf dem einen Gebiet mehr als auf einem anderen sehen und hören. Das befähigt uns, dieses Schöpfungsmaterial zu nehmen und zu erkennen, es zu formen, es zu verpacken oder auf eine andere Art so zu gebrauchen, daß Gott dadurch neu verherrlicht wird. Der Zimmermann arbeitet mit Holz; der Arzt befaßt sich mit dem Körper; der Musiker »formt« Klänge; der Direktor leitet Menschen; der Erzieher schult Jugendliche; der Forscher analysiert, erfindet und benutzt dazu die Elemente des Universums.

Für alle diese Aufgaben entwickeln wir unseren Geist und loben Gott für alles, was er uns aus seinem liebenden Herzen heraus offenbart.

Rat Nr. 3: Der Geist muß trainiert werden, um Informationen, Ideen und Einsichten zu gewinnen, mit denen er dem Menschen in seinem Feld dienen kann.

Die Entwicklung des Geistes ermöglicht es Männern und Frauen, der Generation zu dienen, in der sie leben. Ich denke an den medizinischen Beitrag des Missionars und Arztes Paul Brand, der mehrere Heilmethoden entwickelte, die den leprakranken Menschen (Hanson'sche Krankheit) wieder den Gebrauch ihrer Gliedmaßen ermöglichten. Auf dem Gebiet der Schriftstellerei hat uns das Denken des Autors C. S. Lewis bereichert oder John Perkins in der Frage des Rassenproblems. Daneben gibt es eine Fülle von Menschen, deren Namen unbekannt sind. Zum Beispiel der junge Tiefbauingenieur, der sein Fachwissen umsonst zur Verfügung stellt, damit in Ecuador ein Staudamm gebaut werden kann; oder der Buchhalter, der schlechter situierten Menschen seine Zeit opfert, damit sie finanziell wieder auf die Beine kommen; oder der Bauunternehmer, der in der Innenstadt Männern und Frauen beibringt, alte Häuser auszubessern und winterfest zu machen; und schließlich der Computerfachmann, der seine Zeit den Kindern von Einwanderern schenkt, um ihnen das Lesen beizubringen. All diese Menschen benutzen ihren Verstand dazu, um anderen zu dienen.

Wir entwickeln unseren Verstand nicht allein dazu, um persönlich weiterzukommen, sondern um unsere Denkfähigkeit für andere in den Dienst zu stellen. Daran erinnere ich mich, wenn ich mich durch meine Bücher und Aufzeichnungen wühle. Ich sammle das Rohmaterial, das einmal für andere eine ermutigende oder aufschlußreiche Predigt werden soll. Wenn mein Verstand wächst, kann er vielleicht zum Wachstum anderer beitragen.

Ordne dein Denken, damit es wächst!

Ich erinnere mich daran, wie ich in früheren Jahren plötzlich erkannte: Trotz ameisenhaften Sammelns von enormen Informationsmengen über alle möglichen Themen bin ich nie zu einem aggressiven Denker geworden. Ich weiß überhaupt nicht, ob ich jemals gelernt habe, das Lernen zu lieben.

In meiner Schulzeit tat ich häufig nur das Notwendigste, nach dem Motto: »Sagen Sie mir, was ich tun muß, um diese Klasse zu schaffen, und ich werde es tun.« Mit wenigen Ausnahmen wandte ich diese Philosophie während meiner Gymnasial- und Studentenzeit an. Manchmal traf ich auf einen Lehrer oder Professor, der diese begrenzte Sichtweise durchschaute und mich zu größeren Leistungen zwang. Ich kam nie ganz dahinter, warum ich diese Lehrer höher schätzte als andere. Es machte nämlich

Spaß, herausgefordert zu werden und mehr als nur Durchschnittliches zu geben.

Aber als ich dann endlich die Schulzeit hinter mir hatte, gab es niemanden mehr, der mich antrieb oder zog, und niemand forderte mir Leistung ab — außer ich selbst. Ich begriff bald, daß ich die Verantwortung für mein geistliches Wachstum allein übernehmen mußte. So erreichte ich eine Art intellektueller Pubertät. Zum ersten Male wollte ich ernsthaft das Denken erlernen, aus eigenem Antrieb lernen.

Wie kann man nun in diesen Prozeß der intellektuellen Organisation unserer Verborgenen Welt einsteigen? Ich möchte mehrere Wege dazu aufzeigen.

Wir wachsen, indem wir Zuhörer werden

Indem ich lernte zuzuhören, begann ich, Ordnung in mein Denken zu bringen. Für jemanden, der wie ich gerne redet, kann das Zuhören sehr schwierig sein. Aber wer nicht zuhören kann, enthält seinem Verstand eine große Informationsquelle vor, durch die er wachsen kann.

Vermutlich muß man, um ein Zuhörender zu werden, erst einmal *lernen, Fragen zu stellen.* Ich habe selten jemanden getroffen oder bin selten in einer Situation gewesen, in der es für mich nicht etwas zu lernen gab. Ich mußte häufig erst einmal Fragen stellen, um dann etwas zu hören. Also mußte ich lernen, gute Fragen zu stellen. Die richtige Fragestellung bringt wertvolle Informationen zum Wachstum. So stelle ich Männern und Frauen gerne die Frage, wie es mit ihrer Arbeit aussieht, wie sie ihren Ehepartner kennengelernt haben, welche Bücher sie lesen, wo ihre momentanen Herausforderungen liegen und wo sie Gott in ihrem Leben am lebendigsten erfahren. Die Antworten sind immer hilfreich.

Je mehr ich zum Zuhörer wurde, desto mehr begriff ich, daß die meisten Leute regelrecht danach dürsten, etwas von sich selbst zu erzählen. Viele ältere Menschen haben selten jemanden, der ihnen zuhört, und sie können häufig aufschlußreiche Wahrheiten vermitteln. Leidende Menschen, streß- und spannungsgeladene Menschen können demjenigen, der die richtigen Fragen zu stellen weiß, viel mitteilen. Und beim Fragenstellen lernt man nicht nur selbst dazu, sondern kann auch Mut machen und Liebe verbreiten.

Wir müssen es lernen, besonders älteren Menschen und Kindern zuzuhören. Sie alle haben Geschichten zu erzählen, die den Geist und das Herz nur bereichern können. Kinder vereinfachen oft Dinge mit einer brutalen Ehrlichkeit. Alte Menschen können durch ihre langjährige Erfahrung häufig Probleme lösen. Leidende Menschen helfen uns zu verstehen, was im Leben wirklich zählt. Man kann von jedem etwas lernen, wenn man sich nur einmal zu Füßen des Betreffenden setzt und sich genügend demütigt, um die richtigen Fragen zu stellen.

Der zweite Teil geistlichen Wachtums durch Zuhören geschah dadurch, daß ich *Leute an ihrem Arbeitsplatz aufsuchte*, um zu sehen, was sie tun, und die Menschen kennenzulernen, mit denen sie arbeiten, und ich verstand, welchen Anforderungen sie gegenüberstehen. Ich bemühte mich dann, eine neue Dankbarkeit in mir groß werden zu lassen für die unterschiedlichen Beiträge, die diese Menschen der Gesellschaft leisten, in der ich lebe. Ich stelle gern Männern und Frauen Fragen über ihre Arbeit. »Sagen Sie, was benötigt man eigentlich, um in Ihrem Beruf sehr gut zu sein? Welchen großen Herausforderungen muß sich ein Mensch in Ihrem Beruf stellen? Wie stehen Sie ethischen und moralischen Fragen gegenüber? Welche Aufgaben bringen Müdigkeit und Entmutigung mit sich? Fragen Sie sich manchmal, ob Gottes Wege in Ihrer Arbeit sichtbar werden?«

Und drittens: Wachstum durch Zuhören kommt, wenn wir *auf unsere Seelsorger hören.* Mein ganzes Leben hindurch hat Gott mir eine Reihe von Männern und Frauen zur Seite gestellt, die mir vieles zutrauten, sich um mich kümmerten und dazu beitrugen, daß die Gaben, die Gott mir geschenkt hatte, zur Entfaltung kamen. Ich bin froh, daß mir meine Eltern beigebracht haben, auf solche Menschen zu hören. Viele meiner Kollegen tendierten dazu, den Ratschlag und die Weisheit von Seelsorgern auszuschlagen, und verpaßten auf diese Weise wertvolle Informationen.

Zum vierten denke ich, daß wir immer wachsen können, wenn wir *auf unsere Kritiker hören.* Das fällt keinem von uns leicht. Dawson Trotman, Begründer der Navigatoren, hatte eine gute Methode, mit der Kritik umzugehen, die an ihm geübt wurde. Egal, wie unfair die Kritik auch manchmal schien, schrieb er sie immer in sein Gebetsbüchlein und breitete sie vor dem Herrn aus. Dann sagte er: »Herr, bitte zeig mir das Körnchen Wahrheit, das in dieser Kritik verborgen ist.«

Der Wahrheitsfunken kann manchmal sehr klein sein; aber er ist es immer wert, gefunden und durchdacht zu werden. Ich war dankbar, Dawson Trotmans Geheimtip zu bekommen. Er hat mich in unzähligen schlimmen Situationen vor der Versuchung bewahrt, mich zu verteidigen, wenn mir Kritik entgegenschlug. Statt dessen habe ich gelernt, durch meine Kritiker zu wachsen. Selten wurde Kritik an mir geübt, ohne daß ein Körnchen nützlicher Wahrheit darin gewesen wäre. Oft betraf das nur geringfügige Probleme; aber sie waren trotzdem da.

Wenn ich nun einmal in Gedanken die wichtigsten Wahrheiten aufzähle, die mir geholfen haben, meinen eigenen Charakter, meine Persönlichkeit zu entwickeln, stelle ich mit Erstaunen fest, daß ich viel davon durch schmerzhafte Situationen gelernt habe, wo jemand — sei es aus Liebe oder aus Ärger — mich richtig zurechtgewiesen oder kritisiert hat. Ich erinnere mich noch daran, daß Dr. Raymund Buker, Missionsprofessor an der Universität Denver, am Ende einer Sondersitzung auf mich zukam, in der ich ein Referat über die moralische Frage vorgetragen hatte, die die Studentengeneration dieser Tage beschäftigte. An diesem Tage hatte ich zwei seiner Unterrichtsstunden geschwänzt, um das Referat vorzubereiten, und das war ihm nicht verborgen geblieben.

»Gordon«, sagte er, »das Referat, das du heute abend vorgetragen hast, war ganz gut. Aber eben nicht sehr gut. Soll ich dir sagen, weshalb?«

Eigentlich wollte ich nicht wissen, warum, denn ich spürte, daß ich gedemütigt würde. Aber ich schluckte schwer und bat Dr. Buker, mir seine Meinung zu sagen.

»Das Referat war deshalb nicht sehr gut«, sagte er und tippte mir mit dem Finger auf die Brust, »weil du deine Alltagsroutine dafür geopfert hast, um es zu schreiben.«

Dies gab mir natürlich einen großen Stich, aber dadurch lernte ich eine der wichtigsten Lektionen. Da ich als christlicher Leiter normalerweise meine Zeit einteilen kann, wie es mir gefällt, war es für mich nur allzu einfach, die Routine zu vermeiden, unscheinbare Aufgaben unter den Tisch fallen zu lassen und mich nur den interessanten Dingen zu widmen. Aber den größten Teil meines Lebens verbringe ich eigentlich mit Routinearbeiten. Buker hatte recht; derjenige, der seiner Verantwortung und seinen Pflichten regelmäßig nachkommt, wird auf lange Sicht am effektivsten arbeiten.

Aber ich hätte diese Lektion nie bzw. nicht an diesem Punkt meines Lebens gelernt und wäre dadurch nicht weitergewachsen, wenn nicht jemand die Bereitschaft gehabt hätte, mich zurechtzuweisen, und wenn ich nicht willig gewesen wäre, zuzuhören und davon zu lernen.

Wir wachsen durch Zuhören, und zwar durch aktives Zuhören; indem wir Fragen stellen, aufmerksam registrieren, was um uns herum geschieht, Notiz von den guten oder schlechten Konsequenzen nehmen, die sich für die Leute aufgrund ihrer Entscheidungen ergeben.

Wir wachsen durch Lesen

Ein weiterer Weg, zu wachsen, ist das Lesen. In unserem Zeitalter der Massenmedien hat die junge Generation zunehmend Schwierigkeiten, die Disziplin zum Lesen aufzubringen. Dies ist vermutlich der größte Verlust unserer Zeit. Nichts kann Bücherlesen ersetzen.

Auch bei Paulus finden wir diesen Lesehunger wieder, als er an Timotheus schreibt mit der Bitte, ihm Pergamente und Bücher zukommen zu lassen. Selbst in seinem hohen Alter war er begierig zu wachsen. Manche von uns sind nicht von Natur aus Leseratten, und es fällt uns schwer, ein

Buch in die Hand zu nehmen. Aber wir sollten uns soweit wie möglich dazu zwingen, systematisch zu lesen.

Meine Frau und ich lesen gern Biographien, und es liest eigentlich immer einer von uns zwei oder drei biographische Erzählungen nebeneinander. Diese Bücher haben uns unbezahlbare Einsichten in das Leben anderer Menschen vermittelt.

Andere werden Psychologie, Theologie, Geschichte oder gute Romane vorziehen. Jeder von uns sollte ständig dabei sein, mindestens ein Buch zu lesen. Wenn ich Pfarrer treffe, die an ihrer eigenen Wirksamkeit zweifeln, frage ich häufig: »Was haben Sie als letztes gelesen?« Ich kann beinahe voraussagen, daß ein Pfarrer, der in seinem Dienst versagt, auch unfähig dazu ist, auch nur einen Buchtitel oder Autor zu nennen, den er in der letzten Zeit gelesen hat. Wenn er nicht liest, sind die Chancen für einen Wachstumsprozeß gering. Wenn dieser Wachstumsprozeß unterbrochen wird, kann solch ein Pfarrer sehr schnell seine Wirksamkeit verlieren.

Während des Geiseldramas im Iran schien eine Frau über die mehr als 50 Opfer dieser schrecklichen Tortur herauszuragen. Katherine Koob wurde von vielen in der Botschaft und hier in den Vereinigten Staaten bewundert. Als sie nach Hause zurückkehrte und eine Beschreibung davon liefern konnte, was sie unter derartigen Bedingungen gesund und stark gemacht hatte, sagte sie: »Es waren die Bücher, die ich gelesen, und das, was ich in meinem Leben auswendig gelernt hatte.« In ihrem Kopf war eine beinahe unendliche Menge von Material, von dem sie Kraft und Entschlossenheit sowie die Wahrheit fand, die anderen zum Trost wurde.

In meiner täglichen Einteilung versuche ich, mir eine Stunde Lesezeit zu nehmen. Dabei lese ich niemals ohne Stift, um markante Stellen anzustreichen, und ich habe ein paar einfache Merkzeichen erfunden, die mich an eindrucksvolle Gedanken oder Zitate erinnern, die ich später noch gebrauchen könnte.

Während ich lese, notiere ich wichtige Gedanken und Ideen, die mir den Stoff für Artikel oder Predigten liefern. Häufig springt mir beim Lesen auch ein Satz ins Auge, der wertvoll für jemanden sein kann, den ich kenne. Es gehört auch zu meinem Dienst, einfach von einem bestimmten Zitat oder einer Referenz eine Kopie zu machen, sie jemandem zuzusenden, um ihm Mut zu machen oder ihn etwas zu lehren.

Wenn ein Autor mein Denken besonders angeregt oder mein Herz getroffen hat, versuche ich, sämtliche Bücher dieses bestimmten Autors zu bekommen. Und ich werde nach Bibliographien Ausschau halten, nach Fußnoten oder Inhaltsverzeichnissen, die ich unbedingt noch in mich aufnehmen muß.

Im Laufe der Jahre habe ich gelernt, jeden, von dem ich weiß, daß er liest, die Frage zu stellen: »Was liest du gerade?« Wenn mir derjenige dann ein halbes Dutzend Titel nennen kann, bin ich dafür sehr dankbar und schreibe sie auf meine Leseliste. Man kann aus einer Gruppe leicht die »Leseratten« herausfinden; wenn nämlich ein besonders gutes Buch erwähnt wird, dann ziehen diejenigen sofort irgendein Notizbuch hervor, um sich Titel und Autor aufzuschreiben.

Wir wachsen durch disziplinierte Weiterbildung

Drittens beschleunigen wir unser geistliches Wachstum durch disziplinierte Fortbildung. Jeder von uns wird unterschiedlich viel Zeit dafür aufwenden, was auch mit seiner jeweiligen Berufung zu tun hat. Prediger jedoch sind gezwungen, sich weiterzubilden, wenn sie die nötige »Kanzelnahrung« verteilen wollen.

Da ich mich am Anfang meines Pfarrerdaseins noch nicht mit geistigem Wachstum beschäftigte, betrieb ich das, was ich heute *»defensive Weiterbildung«* nenne. Damit meine ich, daß ich mich einfach krampfhaft weiterbildete, weil eine Predigt oder ein Gespräch ins Haus stand. Mein ganzer Arbeitsaufwand konzentrierte sich auf diese eine Aufgabe.

Später jedoch entdeckte ich die Wichtigkeit sogenannter *»offensiver Weiterbildung«*. Das bedeutet, vielfältige Informationen und Interessantes zu sammeln, was ich dann später für Predigten, Gespräche, Bücher oder Artikel verwenden könnte. Früher konzentrierte ich mich also mehr auf ein bestimmtes Thema, bei der offensiven Weiterbildung dagegen bin ich viel mehr Forscher, indem ich aus vielen verschiedenen Quellen Wahrheit und neues Verständnis gewinne. Beide Arten, offensive und defensive Fortbildung, sind für mich unerläßlich.

Wir wachsen, indem wir uns offensiv weiterbilden. Das können wir durch Lesen tun oder indem wir an Kursen teilnehmen, die unser Denken erweitern und uns herausfordern, Neues zu lernen, oder einfach aus der Freude, verschiedene Dinge auszuprobieren, um mehr von Gottes Welt zu erfahren.

Für mich ist der Sommer die ideale Zeit für offensive Weiterbildung — im Gegensatz zum Winter. Jedes Jahr nehme ich mir neue Bücher und Projekte vor, mit denen ich mich vertraut machen will; wenn ich dann in den Sommermonaten Zeit habe, werde ich aktiv. Auf diese Art und Weise hoffe ich, gegen Ende des Sommers wieder für die anstrengenderen Wintermonate gewappnet zu sein, da ich in meinen Notizbüchern wieder viel Rohmaterial für neue Predigten und Bibelstudien für das nächste Jahr gesammelt habe.

Wie ich schon früher in diesem Buch erwähnte, sind die Morgenstunden für mich am besten für die Fortbildung geeignet. Das kann ich aber nur durchziehen, weil ich bereits lange vorher diese Zeit in meinem Kalender reserviert habe. Wenn ich mich selbst betrüge und die Zeit mit etwas anderem verplempere, bedaure ich es hinterher meistens. Ich sollte mich in dieser festgelegten Zeit durch nichts unterbrechen lassen.

Ich habe eine Frau, die meine Fortbildungszeit unterstützt, mich schützt und ermutigt, und dies ist auch ein Teil ihres persönlichen Wachstums. Als wir noch jung verheiratet waren und erst kurze Zeit im Dienst Gottes standen, mußte sie genau wie ich die Wichtigkeit offensiver und defensiver Weiterbildung erkennen. Für sie als junge Frau war es nicht leicht einzusehen, daß sie mich nicht stören durfte, wenn ich ein Buch las oder an meinem Schreibtisch saß. Was sollte auch schlimm daran sein, wenn sie mich 30 Sekunden unterbrach, um mir eine Frage zu stellen oder mich kurz zum Mülleimerausleeren schickte?

Aber Gail sah schließlich ein, daß es für mich harte Arbeit bedeutete, und daß derartige Störungen oft einen Gedankengang unterbrechen. Nachdem sie das begriffen hatte, wurde sie nicht nur eine Beschützerin meiner Zeit, sondern half mir auch noch dabei, am Ball zu bleiben, und ermahnte mich, wenn sie mich dabei erwischte, wie ich einfach nur herumsaß und meine Zeit vergeudete. Keines meiner Bücher wäre geschrieben worden, wenn sie nicht gemeinsam mit mir herausgefunden hätte, daß es der Wille Gottes ist und ich ihre Unterstützung und ihren Ansporn benötige.

Vor einigen Monaten leitete ich ein Seminar für Pfarrer zum Thema »Predigen« und stellte dabei die Begriffe »Vorbereitung und Fortbilden« zur Diskussion. Zu diesem Seminar waren einige Ehepartner gekommen, und so sagte ich zu der Gruppe: »Manche von Ihnen mögen glauben, daß Ihr Ehepartner nur Zeit verschwendet, wenn er liest. Aus diesem Grund fühlen Sie sich frei, ihn einfach zu unterbrechen. Sie müssen aber realisieren, daß Ihr Ehepartner genauso arbeitet wie ein Zimmermann, der in seiner Werkstatt steht und ein Sägeblatt schärft. Ohne dringenden Grund sollten Sie Ihren Ehepartner niemals unterbrechen. Wenn Sie möchten, daß Ihr Partner wirksamer arbeiten kann, müssen Sie vielmehr versuchen, ihm seinen Freiraum zu erhalten.«

Einige Monate später, als ich bei einem anderen Treffen einige Vorträge hielt, kam ein Ehepaar auf mich zu. Sie standen Hand in Hand vor mir und strahlten beide. Der junge Mann streckte mir die Hand entgegen und sagte: »Wir danken Ihnen dafür, daß Sie unser Leben verändert haben.«

Da ich mir nicht einbilde, daß ich sehr oft das Leben anderer verändern kann, wollte ich doch wissen, wie es dazu gekommen war.

Die Frau fügte erklärend hinzu: »Wir nahmen vor einigen Monaten an Ihrem Predigerseminar teil, und Sie erklärten uns die Wichtigkeit von Lesen und Fortbildung. Sie hoben dabei besonders hervor, daß man die Zeit des anderen respektieren solle. Erinnern Sie sich daran?«

Ja, natürlich erinnerte ich mich.

»Ich begriff«, fuhr sie fort, »daß ich das Lesen und die Weiterbildung meines Mannes nie aus dieser Perspektive gesehen hatte, und versprach

Gott, daß ich alles vollkommen ändern würde, sobald wir nach Hause kämen.«

»Und das hat mein Leben verändert«, sagte der junge Pfarrer. »Wir sind Ihnen sehr dankbar.«

Fortbildung bedeutet, daß ich ein gutes Ablagesystem erfinde, um meine Informationen so zu ordnen, daß ich sie auch immer wiederfinde. Es bedeutet, Opfer zu bringen, um eine gute Sammlung von Nachschlagewerken zusammenzustellen. Aber vor allem bedeutet es Entschlußkraft und Disziplin. Und das Resultat ist immer Wachstum.

Ich möchte noch eine Bemerkung über die Wichtigkeit der Fortbildung für uns alle machen. Ich habe vor allem von Pfarrern geredet, weil das die Welt ist, in der ich lebe, und weil Fortbildung gerade für Pfarrer so ungemein wichtig ist. Aber im Prinzip spreche ich alle Christen an, jeden Mann und jede Frau. Mir ist es wichtig, daß nicht nur meine Frau mir die Fortbildung ermöglicht, sondern daß ich sie auch ihr ermögliche. Das bedeutet beiderseitige Disziplin, zu der wir uns gegenseitig ermutigen — jeder von uns sollte sich nach geistigem Wachstum ausstrecken.

Um es noch einmal deutlich zu machen: *Wir als Ehemänner müssen uns fragen, ob wir unseren Frauen Fortbildungszeit ermöglichen oder nicht.* In der Eheberatung sprechen wir mit vielen Ehepaaren, deren Problem unausgeglichenes intellektuelles Wachstum ist. Nach 10 oder 15 Ehejahren wächst der eine weiter, während der andere stehenbleibt. Häufig bildet sich die Ehefrau um die 40 intellektuell fort, während ihr Mann es vorzieht, sich vor den Fernseher zu setzen — oder umgekehrt.

Studenten jeden Alters haben eines gemeinsam: sie machen ständig Notizen! Vor vielen Jahren schafften Gail und ich uns Notizpapier an und kauften Dutzende von Ordnern dazu. Alle unsere Notizen kommen, nach Themen geordnet, in diese Ordner. Wir tragen buchstäblich ständig Notizpapier mit uns herum, so daß wir immer Gedanken von jemandem notieren können, der uns gerade über den Weg läuft und uns etwas Bedeutungsvolles zu sagen hat. Man kann ja nie wissen, wann man auf ein Buch stößt oder eine Erfahrung macht, die man wieder einmal gebrauchen kann.

Ein Christ, der wachsen möchte, macht sich am besten bei Predigten oder in Bibelstunden immer Notizen. Sie liefern den praktischen Beweis: Gott gibt demjenigen, der zuhört, etwas, das später einmal anderen dienen kann. Sich gute Notizen zu machen ist ein Weg, um die vielen Informationen und Gedanken zu speichern, mit denen wir ständig konfrontiert werden und soviel wie möglich von jedem erdenklichen Wachstumsprozeß zu profitieren.

Im Alten Testament wird von dem Schriftgelehrten Esra gesagt, daß auch er an geistiges Wachstum glaubt: »Denn Esra richtete sein Herz darauf, das Gesetz des Herrn zu erforschen und danach zu tun und Gebote und Rechte in Israel zu lehren« (Esra 7,10). Man beachte hier die Reihenfolge der Beschreibung des persönlichen Wachstums im Privatleben eines Mannes: er studierte, er tat das, was er gelernt hatte, und er gab anderen weiter, was wertvoll war. Esra bildete sich gewissermaßen professionell weiter und verwendete darauf viel mehr Zeit, als es jemand von uns tun wird. So ist er ein großartiges Beispiel. Weil sein Geist und sein Denken so angereichert waren, betraute Gott Esra mit der Aufgabe, ein enorm großes Einsatzkommando durch die Wildnis zu führen, um Jerusalem wieder aufzubauen.

Wenn Sie heute bei uns zu Hause die antiquarische Webster-Biographie aus dem Regal nähmen, würden Sie entdecken, daß wir jede einzelne Seite davon aufgeschnitten haben, um die Geschichte dieses großen Amerikaners zu lesen. Das Buch sieht dadurch zwar fürchterlich zerschlissen aus, diesmal jedoch aus gutem Grund: es wurde endlich gelesen!

Wie dieses Buch, das wir beim Antiquar fanden, tragen viele Menschen äußere Anzeichen von Abgenutztsein und von Zerrissenheit in ihrem Leben. In ihrem Innenleben bleiben jedoch weitere Bereiche ihrer Verborgenen Welt ungeöffnet. Sie sind innerlich desorganisiert, weil sie niemals ihren Geist gefordert oder trainiert haben, um mit den Herausforderungen ihres Zeitalters umzugehen. Sie haben niemals das ausgenutzt, was Gott uns zur Verfügung stellt, um es zu entdecken, uns daran zu freuen und Gebrauch davon zu machen.

Aber wenn wir geistiges Wachstum und Fortbildung ernst nehmen, geschieht etwas Wundervolles: wir lernen Gott vollkommener kennen, können anderen ungleich mehr dienen und so dem eigentlichen Sinn der Schöpfung gerechter werden, indem wir mit unseren geschärften Sinnen ebenfalls die Herrlichkeit Gottes widerspiegeln.

Wie wunderbar ist es doch zu sehen, wenn ein Mensch in Gottes Welt mit wachen Sinnen umhergeht, jede Seite mit Erkenntnissen und Wahrheit beschrieben.

TEIL IV

MOTIVATION
ZEIT-
EINTEILUNG
WIEDER-
HERSTELLUNG
WEISHEIT UND
ERKENNTNIS
GEISTLICHE
STÄRKE

Anmerkung für Desorganisierte

Wenn meine Verborgene Welt in Ordnung ist, dann deshalb,
weil ich mich dazu entschließe,
regelmäßig das geistliche Zentrum meines Lebens zu erweitern.

Kapitel 10

Ordnung im Garten

Howard Rutledge, ein Pilot der amerikanischen Luftwaffe, wurde in den Anfängen des Vietnamkrieges mit seinem Flugzeug abgeschossen. Er verbrachte einige schreckliche Jahre in den Händen seiner Wärter, bevor er bei Kriegsende entlassen wurde.

In seinem Buch *»In der Gegenwart meiner Feinde«* (»In the Presence of Mine Enemies«) kommt er auf die Quellen zu sprechen, von denen er zehrte, als er durch diese Hölle mußte, in der das Leben so unerträglich schien:

> »In diesen langen Zeiten des Wartens, in denen ich gezwungen war, nachzudenken, konnte ich viel leichter das, was wirklich zählte, von Unwichtigem trennen. So hatte ich für gewöhnlich in der Vergangenheit an Sonntagen entweder gearbeitet oder Sport getrieben, aber keine Zeit dafür erübrigt, in die Kirche zu gehen. Über Jahre hinaus hatte meine Frau Phyllis mich dazu aufgefordert, die Familie in die Kirche zu begleiten. Sie nörgelte niemals an mir herum und schalt mich nicht, sie hoffte nur. Aber ich war zu beschäftigt gewesen, um ein oder zwei Stunden pro Woche über die wirklich wichtigen Dinge im Leben nachzudenken.
>
> Nun aber sah, hörte und schmeckte ich den Tod überall um mich herum. Mein Hunger nach geistlicher Nahrung übertraf bald meinen Hunger nach einem Steak. Ich wollte gern mehr über das ewige Leben wissen. Jetzt wollte ich über Gott, Jesus und die Kirche reden. Aber in ›Herzeleid‹ (das war der Name, den die Kriegsgefangenen dem Gefangenenlager gegeben hatten) gab es in der Einzelhaft keinen Pfarrer, keinen Religionslehrer, keine Bibel, kein Gesangbuch und keine Glaubensgemeinschaft, um mich zu leiten und zu unterstützen. *Ich hatte die geistliche Dimension meines Lebens total vernachlässigt. Ich brauchte das Gefängnis, um zu begreifen, wie leer ein Leben ohne Gott ist.*«[1]

Rutledge brauchte den Druck eines Kriegsgefangenenlagers, um zu begreifen, daß seine Verborgene Welt ein Zentrum hat, welches er bis dahin sträflich vernachlässigt hatte. Dieses Zentrum möchte ich den Geist des Menschen nennen. Andere nennen es Seele. Man kann das geistliche Zentrum der Verborgenen Welt eines Menschen nicht physiologisch bestimmen; aber es existiert. Es ist wichtig, und es ist der Platz, wo wir mit unserem himmlischen Vater eine höchst intime Gemeinschaft haben. Der Geist kann seine ewige Natur niemals verlieren. Er kann sich jedoch in einem Zustand derartiger Desorganisation befinden, daß die Gemeinschaft mit Gott beinahe unmöglich gemacht wird. In der Verborgenen Welt eines Menschen führt dies dann meist zum Chaos auf der ganzen Linie.

Von seinem theologischen Denken her ist der Christ von der Existenz der Seele überzeugt. Im täglichen Umgang jedoch haben Christen mit der Lebendigkeit ihrer Seele Mühe. Das ist jedenfalls mein Eindruck, wenn ich längere Zeit denjenigen zuhöre, die gerne über die Bedeutung persönlicher geistlicher Aktivitäten sprechen. Viele Menschen sind zutiefst unzufrieden, weil sie keinen ausreichenden Kontakt mit Gott haben. »Ich kann einfach nicht oft genug zu ihm durchdringen«, heißt es häufig.

Unordnung in der Seele kommt oft daher, daß der Mensch keine innere Ruhe hat. Statt einer tiefen Ruhe stellt sich bei einigen Menschen Starrheit und Leere ein. Manche leiden an Rastlosigkeit, denn sie denken, daß sie niemals den Erwartungen, die Gott an sie stellt, entsprechen können. Ein weiterer Schwachpunkt ist die Unfähigkeit, geistlichen Impulsen nachzukommen und diese in die Tat umzusetzen. »Am Anfang der Woche habe ich noch große Pläne«, sagte ein Jugendlicher, »aber schon am Mittwoch morgen habe ich das Interesse verloren. Ich kann einfach kein befriedigendes geistliches Leben aufrechterhalten. Und so komme ich an einen Punkt, an dem ich es einfach leid bin, es immer wieder zu versuchen.«

Am liebsten hätte ich schnell Sicherheit

Wenn wir die großen Heiligen in der Bibel betrachten, werden wir manchmal neidisch. Wenn wir über die Erfahrung des Mose mit dem brennenden Dornbusch nachdenken, über die Vision des Jesaja im Tempel und die Erfahrung des Paulus auf der Straße nach Damaskus, so sind wir versucht zu sagen: »Wenn ich jemals eine solche Erfahrung gemacht hätte, wäre mein ganzes geistliches Leben gesichert.« Wenn wir nur irgendein dramatisches Erlebnis hätten, das sich unauslöschlich in unser Bewußtsein einbrennen würde, dann wäre das ein entscheidender Impuls für unsere geistliche Lebendigkeit! Und wenn wir so spektakulär mit Gott in Berührung kämen, wären wir nie mehr versucht, ihn je in Frage zu stellen.

Dies ist ein Grund, aus dem sich viele von uns nach einer »schnellen

Sicherheit« sehnen, die Gott realer und näher erscheinen läßt. Manche fühlen sich tief bereichert, wenn ein Prediger, der mit gewaltiger Stimme Anklagen und Verurteilungen herabdonnert, in ihnen ein kräftiges Schuldgefühl erzeugt. Andere suchen eher emotionelle Erfahrungen, von denen sie auf eine ekstatische Ebene erhoben werden. Das sind dann die Christen, die sich unaufhörlich Bibelschulen und -arbeiten aussetzen und durch die Suche nach der reinen Lehre zu einer erfüllenden Vertrautheit mit Gott kommen wollen. Wieder andere erstreben Geistlichkeit durch Geschäftigkeit in der Gemeinde. Und so suchen wir, je nach unserem psychologischen Temperament, nach diesen oder anderen Wegen, um unseren offensichtlich leeren Geist anzufüllen, und schlagen einen Weg ein, der uns normalerweise nur einen kurzen Moment lang ganz tief berührt und uns das Gefühl von Frieden bringt.

Aber in Wirklichkeit findet ein Durchschnittsmensch wie Sie und ich dabei keine große biblische Begegnung. Auch die dramatischen Erfahrungen anderer würden uns nicht genügen. Sollten wir jemals geistliches Leben entwickeln, das uns tiefen Frieden schenkt, dann erreichen wir das nur, wenn wir geistlich diszipliniert leben, so wie ein Athlet seinen Körper zum Wettkampf trainiert.

Eines aber ist sicher: Wenn wir uns nicht zu solcher Disziplin aufraffen, werden wir es eines Tages ebenso wie Howard Rutledge bedauern, daß wir dieser Herausforderung nicht rechtzeitig nachgekommen sind.

Wie ich meinen Garten bestelle

Wie sollten wir dieses Zentrum, diese innere geistliche Landschaft beschreiben — wo Begegnungen beinahe zu heilig sind, um sie in Worte zu fassen? Über die theologischen Definitionen hinaus bleibt uns lediglich eine Sammlung von Gleichnissen.

Auch David dachte in den Psalmen in Gleichnissen, wenn er sich seinen inneren Geist wie eine Weide vorstellte, wo Gott, der Schäfer, ihn als Lamm führte. In seinen bildlichen Vergleichen gab es stille Wasser, grünes Weideland und Tische, die vor Nahrung (die man in Sicherheit verzehren konnte) überquollen. David sagte: Dies ist ein Platz, an dem die Seele wieder erquickt wird.

Der christliche Poet des 18. Jahrhunderts, William Cowper, benutzte das Gleichnis eines stillen Gewässers:

> »Ein Leben voller Turbulenzen, voller Lärm
> Scheint Weisheit, lobenswert dem, der es lebt,
> Weisheit jedoch ist eine Perle, die am ehesten
> Sich finden läßt in stillen Wassern.«
> (Aus »*The Task*« — Die Aufgabe, Buch 3)

Ich vergleiche das innere geistliche Zentrum am liebsten mit einem Garten, einem Platz, an dem Frieden und Ruhe möglich sind. Dieser Garten ist ein Ort, an dem sich der Geist Gottes entfaltet und seine Weisheit kundtut, Bestätigung oder Zurechtweisung erteilen und Mut machen, Weisung und Führung vermitteln kann. Ist dieser Garten in Ordnung gehalten, dann ist er ein ruhiger Platz, und alles geschäftige und laute Treiben, jegliches Durcheinander sind ausgeschlossen.

Unser innerer Garten ist ein zarter und empfindlicher Platz, und wenn er nicht gut gepflegt ist, wird er bald von Unkraut überwuchert werden. Gott wandelt nicht oft in unordentlichen Gärten. Wenn wir unseren inneren Garten vernachlässigen, empfinden wir dort oft eine große Leere.

Das genau war es, womit Howard Rutledge zu kämpfen hatte, als der Druck im »Herzeleid«-Gefängnis am größten war. Totale Isolation, häufige Schläge und eine sich ständig verschlechternde Gesundheit hatten seine Welt in einen feindlichen Ort verwandelt. Welche Quellen besaß er, aus denen er hätte schöpfen und sich erhalten können? Er gab selbst zu, daß er vorher in seinem Leben die Möglichkeiten, sich mit Kraft zu versorgen und seinen inneren Garten zu bestellen, nicht genutzt hatte. »Ich war zu beschäftigt und zog ständig andere Dinge vor«, sagte er, »anstatt ein oder zwei Stunden pro Woche über die wirklich wichtigen Dinge nachzudenken.« Und trotzdem hat er das wenige, das er in seiner Kindheit mitbekommen hatte, erfaßt und weiterentwickelt. Plötzlich war Gott ein sehr wahrer und wichtiger Teil seiner Existenz.

Wir sind geistliche Gärtner, wenn wir Ordnung in den geistlichen Teil unseres Innenlebens bringen. Wir kultivieren vorsichtig unsere geistliche Erde. Ein Gärtner gräbt die Erde um, entfernt das Unkraut, plant, wie er die Erde neu bepflanzen kann, sät, bewässert und ernährt den Boden und freut sich an der daraus resultierenden Ernte. Viele nennen das »geistliche Disziplin«.

Ich schätze die Worte von Brother Lawrence, einem Christen, der vor vielen Jahrhunderten gelebt hat, und der das Gleichnis einer Kapelle benutzte:

> »Wir müssen nicht unbedingt immer in die Kirche gehen, um mit Gott Gemeinschaft zu haben. Wir können unser Herz zu einer Kapelle machen, in die wir uns von Zeit zu Zeit zurückziehen können, um mit unserem Herrn eine ruhige, demütige und liebende Gemeinschaft zu haben. Jedermann kann dieses familiäre Gespräch mit Gott führen. Manche sind dazu mehr, manche weniger fähig. Er kennt doch unsere Fähigkeiten. *Laßt uns doch beginnen. Vielleicht wartet er ja nur darauf, daß wir einen ganzherzigen Entschluß fassen.* Nur Mut! Die uns gegebene Lebenszeit ist kurz.«[2]

Laßt uns bald damit beginnen, drängt uns Brother Lawrence, die Zeit ist begrenzt! Wir müssen *jetzt* damit beginnen, unseren Geist zu disziplinieren.

Privilegien, die wir verlieren können

Wenn wir nicht damit beginnen, verlieren wir eine Menge Privilegien, die Gott uns vorbehalten hat, um uns zu vollem Leben und voller Genüge kommen zu lassen. *Sonst werden wir es niemals lernen, uns an der ewigen und unendlichen Perspektive der Wirklichkeit zu freuen,* für die wir geschaffen sind. Unser Urteilsvermögen wird bedeutend eingeschränkt.

David zeigt uns ein Stück dieser ewigen Perspektive, wenn er von den »Königen der Erde« spricht, von ihrer Auflehnung und den Systemen, durch die sie versuchen, Gott zu ersetzen (Psalm 2,2). David wäre von diesen Königen und ihren Plänen völlig eingeschüchtert worden, hätte er nicht die Sicht von dem ewigen und allmächtigen Gott gehabt, der im Himmel sitzt und über diese ganzen vergeblichen Machenschaften lacht und ihrer spottet. Was war das Ergebnis? David hatte nicht solche Angst, wie sie diejenigen haben würden, denen diese ewige Perspektive fehlt.

Wenn das geistliche Zentrum unserer Verborgenen Welt undiszipliniert ist, enthalten wir uns selbst ein Privileg vor, nämlich *die lebendige und lebenspendende Freundschaft mit Jesus.* Als David mit Batseba sündigte, war er sich voll bewußt, daß er die Verbindung zu Gott verloren hatte; er konnte das nur bis zu einem bestimmten Moment aushalten und rannte dann zurück zu Gott mit dem aufschreienden Bekenntnis seiner Schuld und der Bitte um Vergebung. Diese Intimität mit Gott war ihm einfach zu wichtig.

Ein drittes Privileg, das man durch einen undisziplinierten Geist verlieren kann, ist *die Furcht, vor Gott Rechenschaft ablegen zu müssen.* Wir werden zunehmend vergessen, daß alles, was wir haben und sind, von seiner guten Hand kommt, und wir werden in den alten Trott zurückfallen, indem wir annehmen, alles gehöre uns. Das passierte Usija, dem König von Juda, der zuerst ein großartiges Verhältnis zu Gott hatte und dann davon abwich (2. Chronik 26). Das Resultat war zunehmender Stolz, und das brachte ihn schließlich auf sehr peinliche Weise zu Fall. Er begann als Held und endete als Narr. All das war der wachsenden Unordnung und dem Chaos in seinem inneren Garten zuzuschreiben.

Unser geistliches Zentrum in einen schlechten Zustand kommen zu lassen, bedeutet viertens, *unsere Größe im Vergleich zu der des Schöpfers zu überschätzen*, oder, im Gegenteil, wir vergessen, *daß wir vor ihm wertvoll und besonders sind, weil wir seine Söhne und Töchter sind.* Wenn wir diese Dinge vergessen, begehen wir dieselben Fehler wie der verlorene

Sohn, und eine Fehleinschätzung nach der anderen wird die schmerzhafte Folge sein.

Und letztens hat ein vernachlässigstes, unordentliches geistliches Zentrum normalerweise zur Folge, daß nur *wenig Reserve und Kraft zur Bewältigung von Krisenmomenten bleibt,* wie eigenes Versagen, Demütigung, Leiden, Tod eines lieben Angehörigen oder Einsamkeit. Das war Rutledges verzweifelte Situation. Ganz anders erging es Paulus im römischen Gefängnis. Alle hatten ihn verlassen, aus guten oder schlechten Gründen. Aber er war sicher, daß er nicht allein war. Doch woher kam diese Sicherheit? Sie war die Frucht jahrelanger geistlicher Disziplin, mit der er seinen inneren Garten bestellt und so einen Ort geschaffen hatte, wo er mit Gott allein sein konnte, egal, wieviel Feindschaft ihm von außen entgegenschlug.

Wie hoch werden die Kosten sein?

Wenn der innere Garten bestellt ist und der Geist Gottes gegenwärtig ist, gibt es eine gute Ernte. Wie sehen die Früchte aus? Es sind Dinge wie: Mut, Hoffnung, Liebe, Ausdauer, Freude und viel Frieden. Auch ungewöhnliche Kapazitäten, sich selbst zu kontrollieren, oder die Fähigkeit, das Böse zu erkennen und die Wahrheit herauszufinden, werden dort geerntet, so wie es in den Sprüchen steht:

> »Denn Weisheit wird in dein Herz eingehen und Erkenntnis wird deiner Seele lieblich sein; Besonnenheit wird dich bewahren und Einsicht dich behüten, daß du nicht geratest auf den Weg der Bösen noch unter die Leute, die Falsches reden« (Spr. 2,10-11).

Richard Foster zitiert einen meiner Lieblingsautoren, Thomas Kelly:

> »Wir fühlen von allen Seiten den Druck der Verpflichtungen und versuchen, jeder nachzukommen. Deshalb sind wir unglücklich, fühlen uns unwohl, angespannt, bedrückt und haben Angst, abzuflachen . . ., und wir sehen Hinweise darauf, daß es einen wesentlich reicheren und tieferen Lebensstil gibt als diese Existenz voller Hetze, nämlich ein Leben voller Ruhe, Frieden und Kraft. Wenn wir nur zu diesem Zentrum vordringen könnten! . . . Wir sind einigen Menschen begegnet, die dieses tiefe Lebenszentrum gefunden haben, die auch unbequemen Aufgaben nachkommen, und die ›ja‹ und ›nein‹ mit dem gleichen Vertrauen sagen können.«[3]

Kelly drückt es gut aus: Wenn wir nur zu diesem Zentrum vordringen könnten!

Durch die Jahrhunderte nahmen gerade die christlichen Mystiker geistliche Disziplin sehr ernst. Sie lernten sie, übten sie aus und trieben sie bisweilen in ungesunde und gefährliche Extreme. Aber sie glaubten daran, daß man sich regelmäßig von Routine und Menschen zurückziehen müsse, um Gott in seinem inneren Garten aufzusuchen. Sie lehrten uns, daß Sonntagspredigten und religiöse Feiern bei weitem nicht ausreichten; jeder Mann, jede Frau müsse eine Kapelle in sich aufbauen, ruhendes Wasser oder einen eigenen Garten in der Verborgenen Welt haben, so sagten sie. Es gab keine Alternative.

Jesus hatte gewiß seinen Geist diszipliniert. Dies wissen wir ebenfalls von David und Mose, den Aposteln und auch von Paulus, der über seine eigene Routine schrieb:

> »Ich aber laufe nicht wie aufs Ungewisse. Ich kämpfe mit der Faust; nicht wie einer, der in die Luft schlägt, sondern ich bezwinge meinen Leib und bezähme ihn, damit ich nicht anderen predige und selbst verwerflich werde« (1. Kor. 9,26-27).

Haben wir den Wert dieser geistlichen Disziplin, dieser Kultivierung des inneren Gartens heruntergespielt? Heute sprechen Christen von der Wichtigkeit der »Stillen Zeit«, d. h. einer täglichen Andacht, die häufig schnell und rationell erledigt wird. Wir »schaffen« sie in sieben oder dreißig Minuten, je nachdem, wieviel Zeit wir für sie übrig haben. Wir benutzen dazu alle möglichen Lesehilfen, Stille-Zeit-Bücher und organisierte Gebetslisten. Das ist alles schön und gut; besser als nichts, denke ich, aber nicht annähernd so wirksam wie das, was die Mystiker gemeint hatten.

Vor einiger Zeit erhielt ich einen Anruf von einem bekannten christlichen Zeitungsverlag. Ich wurde gefragt, ob ich nicht einen Tag mit einem berühmten Leiter eines anderen Landes, der Boston besichtigte, verbringen könne. Ich sollte mit ihm ein tiefschürfendes Interview führen, so daß die Leser einen Eindruck über ihn als Menschen gewinnen könnten. Ich rief diesen christlichen Leiter an und bat ihn um ein Gespräch.

»Und worüber sollen wir reden?« fragte er mich.

»Ich denke, wir führen ein Gespräch über Ihr Leben als Prediger, als Schriftsteller und Geisteswissenschaftler«, sagte ich. »Vielleicht könnten Sie Ihre Ansichten über Familienleben, Freundschaften und Ihre geistlichen Disziplinen mitteilen.«

»Meine geistlichen Disziplinen?« unterbrach er.

»Ja«, sagte ich, »viele Menschen wären interessiert daran, wie Ihr persönliches Leben mit Jesus Christus aussieht.«

Seine Antwort werde ich niemals vergessen:

»Dieser Teil meines Lebens ist doch viel zu privat, um jemand anderen daran teilhaben zu lassen.«

Ich bin heute noch der Ansicht, daß viele von uns Jüngeren im Dienst von den Erfahrungen dieses älteren Mannes profitiert hätten. Dennoch hörte ich heraus, was er damit sagen wollte. Die Tür zu seiner Verborgenen Welt trug ein Schild: Zutritt verboten! Diesen Teil seines Lebens hatte er im verborgenen entwickelt, und verborgen sollte er bleiben. Er und Gott tauschten alleine aus. Er wollte das keineswegs auf ein System herabstufen.

Wieviel wird es uns kosten, diszipliniert unseren inneren Garten zu bestellen? Müssen wir erst schlimme Leidenserfahrungen machen? Die Geschichte scheint uns dies unablässig zu sagen: Diejenigen, die unter Druck sind, suchen nach Gott, weil nichts anderes mehr übrig bleibt. Diejenigen, die nur so mit Segen überhäuft sind, geraten in Gefahr, mit dem Strom zu schwimmen. Deshalb stelle ich manchmal das Wort »*Segen*« in Frage. Sicherlich kann man etwas nicht mit Segen benennen, wenn es uns davon abhält, unseren inneren geistlichen Garten zu bestellen.

Können wir denn irgendwie die Wichtigkeit dieses inneren Zentrums schätzenlernen, ohne erst in die Nähe von Tod, Niederlage oder Erniedrigung gerückt zu werden? Durch die Bibel und das Beispiel der großen Heiligen wird uns dieses Anliegen immer wieder nahegebracht. Wer seine innere geistliche Welt ordnet, wird Gott den Raum geben, den er einnehmen und wo er sprechen kann. Wenn Sie diese Stimme hören, wird es wie etwas nie Dagewesenes sein. Genau das hat Howard Rutledge entdeckt. Er mußte erst die Erfahrung der Kriegsgefangenschaft machen, damit er gezwungen wurde, es herauszufinden.

Brother Lawrence sagt: »Laßt uns endlich beginnen.« Thomas Kelly mahnt uns: »Dringe bis zu diesem Zentrum vor.« Und Christus ruft uns dazu auf: »Kommt her und lernet von mir.« Wie kann diese Disziplin des Geistes verwirklicht werden?

Anmerkung für Desorganisierte

Wenn meine Verborgene Welt in Ordnung ist,
dann deshalb, weil ich keine Angst davor habe,
allein und still vor Jesus zu stehen.

Kapitel 11

Keine weiteren Requisiten notwendig

E. Stanley Jones, ein hochbetagter methodistischer Missionar in Indien, erlitt einen Schlaganfall, der ihn lähmte und seiner Sprechfähigkeit beraubte, nicht aber seines Glaubens. »Ich brauche keine äußeren Requisiten, um meinen Glauben aufrechtzuerhalten«, schrieb er. »Denn mein Glaube hält mich.« Aber er bemerkte auch traurig, daß das nicht jeder in seiner Umgebung so sah.

> »Ich sprach mit einem in den Ruhestand getretenen Bischof. Er war frustriert. Seit er nicht mehr im Rampenlicht stand, war er frustriert und erzählte es mir. Er wollte gern das Geheimnis eines sieghaften Lebens erfahren. Ich erklärte ihm, daß dies in der Auslieferung seines Selbst bestand. *Es hieß, daß er sein tiefstes Innerstes Jesus ausliefern müßte.* Was hielt ihn zurück? Als der äußere Halt durch die Pensionierung zerbrach, war der innere Halt nicht Stütze genug. Offensichtlich litt er an einer Art Geltungsbedürfnis, anstatt sich ganz Jesus auszuliefern. *Ich dagegen hatte das Glück, daß ich zuerst mein Leben Jesus ausgeliefert hatte; und als dann alle äußeren Stränge durch meinen Schwächeanfall abgeschnitten waren, wurde mein Leben nicht erschüttert.«* [1]

Jones hatte verstanden, was Thomas Kelly sagen wollte, als er uns dazu aufrief, bis in das Zentrum vorzudringen. Und wer von uns hätte nicht gern Jones' Sicht und Ausdauer? Aber wie viele von uns laufen, weil sie ihren inneren Garten vernachlässigt haben, direkt in solch eine Falle, wie der Bischof sie für sich selbst aufgestellt hatte? Wie aber können wir den inneren Garten unserer Verborgenen Welt kultivieren?

Da dieses Buch nicht in erster Linie ein Handbuch für geistliche Disziplin ist, kann ich nicht alle Wege aufzeichnen, die die Heiligen gefunden haben, um den inneren Geist zu stärken. Statt dessen habe ich vier geistliche Übungen von grundlegender Bedeutung ausgewählt, Übungen, die viele Christen vernachlässigen. Sie sind: das Trachten nach *Einsamkeit und Stille*, regelmäßges *Hören auf Gott,* die Erfahrung von *Nachdenken und Meditation* und das *Anbetungs- und Fürbittegebet.*

Stille und Einsamkeit

Henri Nouwen erzählt uns, daß die Wüstenväter vor vielen Jahrhunderten die Wichtigkeit einer stillen Umgebung zur Entwicklung ihres Geistes verstanden hatten, da sie sich gegenseitig zu *»Fuge, terche et quisset«*, d. h. Stille, Einsamkeit und inneren Frieden, ermahnten.

Nur wenige nehmen die schreckliche Geräuschkulisse um uns herum wirklich wahr, den Lärm, der uns die Stille und Einsamkeit völlig verwehrt, die wir für die Kultivierung unseres inneren Gartens brauchen. Man könnte leicht glauben, daß Gottes Erzfeind geplant hat, uns an jedem erdenklichen Punkt unseres Lebens mit störenden Geräuschen der Zivilisation zu umgeben, die, wenn sie nicht gedämpft werden, normalerweise Gottes Stimme übertönen. Wer mit Gott lebt, wird dir bestätigen, daß er normalerweise nicht schreit, um sich bemerkbar zu machen. Wie Elia entdeckte, flüstert er eher im Garten unserer Verborgenen Welt!

Kürzlich besuchte ich ein missionarisches Zentrum in Lateinamerika, wo Arbeiter gerade ein Tonstudio für eine Radiostation aufbauten. Mit größter Sorgfalt machten sie die Räume schalldicht, so daß kein Straßengeräusch Sendungen und Aufzeichnungen stören kann. Wir müssen es lernen, unser Herz für die eindringenden Geräusche der Außenwelt schalldicht zu machen, um zu hören, was Gott zu sagen hat. Die Worte Mutter Teresas in Kalkutta schätze ich sehr:

> »Wir müssen Gott finden. Aber das geht nicht inmitten von Lärm und Rastlosigkeit. *Gott ist ein Freund der Ruhe.* Sieh nur, wie die Natur — Bäume, Blumen, Gras — in Ruhe wächst. Schau dir die Sterne an, Mond und Sonne, wie sie sich in der Stille fortbewegen . . . Je mehr wir im Gebet in der Stille erfahren, desto mehr können wir in unserem Aktivleben geben. *Wir brauchen Stille, um Seelen zu berühren.* Die Hauptsache ist nicht das, was wir sagen, sondern das, was Gott uns und durch uns zu sagen hat. All unsere Werke werden nutzlos sein, außer, wenn sie von innen kommen. Worte, die nicht das Licht Jesu Christi widerstrahlen, machen nur die Dunkelheit größer.«[2]

Unsere Welt ist so angefüllt mit dem Lärm endloser Musik, mit Geschwätz und Geschäftigkeit; in vielen Häusern gibt es in fast jedem Raum eine Stereoanlage, ebenso in jedem Auto, jedem Büro und sogar im Aufzug. Inzwischen geht es sogar so weit, daß, wenn ich einen Freund im Büro anrufe, Musik aus dem Hörer tönt, bis er bereit ist, mich zu sprechen. Können wir uns dieser ständigen Lärmbelästigung entziehen und die ruhige, flüsternde Stimme Gottes vernehmen?

Wir sind so an Lärm gewöhnt, daß wir ganz unruhig werden, wenn es einmal ruhig um uns herum ist. Menschen, die in einer Versammlung anbeten, fällt es schwer, einfach nur ein oder zwei Minuten still dazusitzen. Wir denken dann, irgend etwas sei falsch gelaufen oder jemand habe vergessen, seinen Teil zu sagen. Den meisten von uns fiele es vermutlich schwer, auch nur eine Stunde lang dazusitzen, ohne etwas zu sagen und ohne etwas von jemand anderem gesagt zu bekommen.

Diesen Kampf kann es auch mit der *Einsamkeit* geben; nicht nur, daß uns die Stille stört; wenige von uns halten es aus, allein zu sein. Es muß aber regelmäßig Zeiten geben, in denen wir uns zurückziehen. Es muß diese Momente geben, in denen wir die Routine durchbrechen; wo wir uns von Beziehungen zurückziehen oder von den Anforderungen der äußeren Welt, um Jesus im Garten unserer Verborgenen Welt zu treffen. Große Zusammenkünfte oder spektakuläre Feiern sind kein Ersatz dafür.

Nouwen zitiert Thomas Merton, der sich mit diesen merkwürdigen Mystikern der frühchristlichen Jahrhunderte, die die Einsamkeit manchmal bis zum Extrem steigerten, befaßt hatte. Was er über sie sagt, ist sehr wertvoll. Warum suchten sie die Einsamkeit?

> »Sie wußten, daß sie anderen nichts Gutes tun konnten, solange sie in den Trümmern (der Menschheit) herumstolperten. Als sie aber erst einmal auf festem Grund Fuß gefaßt hatten, änderte sich alles ... Von da an hatten sie nicht nur die Kraft, sondern auch die Verpflichtung, die ganze Welt in Sicherheit zu bringen.«[3]

Es ist interessant, daß Gottes Engel die Stille dazu benutzte, um dem alten Zacharias seinen Unglauben zu nehmen, als dieser erfuhr, daß er und seine Frau die Eltern von Johannes dem Täufer werden sollten. Als Zacharias das Wort Gottes nicht so annehmen konnte, wie er es gehört hatte, wurde ihm seine Stimme für mehrere Monate genommen, und so konnte er darüber nachdenken. Elisabeth, seine Frau, dagegen merkte, was da geschah. Sie zog sich zurück, wie die Bibel sagt. Zum Teil, weil das bei einer Schwangeren so üblich war, aber ich glaube, auch deswegen, weil sie über die merkwürdigen und mysteriösen Dinge, die da geschahen, nachdenken mußte.

Bei Maria war es genauso; als sie erfuhr, daß sie unseren Herrn gebären sollte, posaunte sie Gottes Pläne nicht überall hinaus, sondern wählte die Stille. »Maria aber behielt all diese Worte und bewegte sie in ihrem Herzen« (Lk. 2,19). Das Kommen Christi wurde nicht nur durch das Singen und den Lobpreis der Engel verkündigt, sondern auch durch stille Menschen, die Einsamkeit benötigten, um über dieses Wunder nachzudenken und es zu begreifen. Wayne Oates sagt uns:

> »Ruhe ist für mich nichts Natürliches. Vermutlich ist sie dir auch fremd. Wenn du und ich einmal in unseren lauten Herzen Ruhe bekommen wollen, müssen wir sie wohl erst wachsen lassen ... Du kannst in deinem lauten Herzen Ruhe großziehen, wenn du sie schätzen, pflegen und unter allen Umständen ernähren willst.«[4]

Ich habe nicht leicht zur Ruhe und Einsamkeit gefunden. Ich habe sie mit Faulheit, Untätigkeit und Unproduktivität auf eine Stufe gestellt. Sobald ich allein war, schoß mir alles mögliche durch den Kopf, was ich noch tun sollte: Telefonanrufe, die noch ausstanden, Papiere, die noch geordnet werden mußten, ungelesene Bücher, unvorbereitete Predigten und noch zu besuchende Leute.

Selbst das leiseste Geräusch vor der Tür meines Studienzimmers bereitete mir Konzentrationsschwierigkeiten. Es schien, als sei mein Gehör plötzlich übersensibilisiert, und ich registrierte jede Unterhaltung aus dem abgelegendsten Zimmer unseres Hauses und wollte unbedingt mitbekommen, was dort gesagt wurde. Mein Studierzimmer befindet sich in der Nähe unserer Waschküche, und es schien so, als ob jedesmal genau in dem Moment, in dem ich mit geistlichen Aktivitäten begann, die Trommel der Waschmaschine nicht mehr im Gleichgewicht war. Dann ging der dem Ton eines Nebelhornes ähnliche Summer los und zwang mich dazu, da ja alle anderen oben waren, aufzustehen und die Maschine wieder ins Gleichgewicht zu bringen.

Aber selbst dann, wenn Stille eingetreten war, fiel es mir fürchterlich schwer, mich zu konzentrieren. Ich lernte, daß es nötig war, mich erst einmal aufzuwärmen, d. h., ich mußte die Tatsache annehmen, daß mein Denken ungefähr 15 Minuten lang der Einsamkeit mit allen Mitteln zu widerstehen suchte. Deshalb fing ich am besten damit an, etwas über das geistliche Thema, das ich gerade behandelte, zu lesen oder zu schreiben. Es schien, als ob mein Bewußtsein allmählich begriff: wir, d. h. mein Bewußtsein und ich, sollten jetzt anbeten und meditieren. Und je schneller das Bewußtsein mit dem inneren Garten über das Thema in Kontakt treten würde, desto besser wäre es.

Ich vermute, daß ich diesen Kampf um Einsamkeit und Ruhe mein ganzes Leben lang kämpfen werde. Mit der Zeit habe ich allmählich die Früchte dieser Stillezeiten zu ernten begonnen, und ich bekomme immer mehr Hunger danach. Dennoch muß ich jedesmal diesen ersten Widerstand besiegen. Wenn man von Natur aus ein aktiver Mensch ist, bedeutet es harte Arbeit, sich zurückzuziehen. Diese Arbeit ist aber unbedingt notwendig.

Was mich betrifft, finde ich diese Ruhe und Einsamkeit am besten in den frühen Morgenstunden. Deshalb trage ich sie da in meinen Kalender ein, bevor irgend etwas anderes dazwischenkommt. Manche kommen vielleicht am späten Abend besser zurecht. Jeder, der Ordnung in den geistlichen Bereich seiner Verborgenen Welt bringen will, muß den Platz und die Zeit finden, die seinem persönlichen Temperament entsprechen.

Auf Gott hören

Für Mose muß es wie eine kalte Dusche gewesen sein, als er nach seiner Begegnung mit Gott vom Berg herunterkam und entdecken mußte, daß sein hebräisches Volk um ein goldenes Kalb herumtanzte. Tagelang hatte er die Gegenwart des Heiligen Geistes erfahren, und das Erlebnis von Gottes Herrlichkeit und Gerechtigkeit hatte in seinem Geist tiefe Spuren hinterlassen. Und nun solch ein Spektakel! Es brach ihm das Herz.

Wie konnte das geschehen? Mose hatte auf Gott gehört; sein Bruder Aaron, der Hohepriester des ganzen Volkes, hatte währenddessen auf die Menschen gehört. Die Botschaften, die die beiden empfingen, waren total unterschiedlich. Als Mose zuhörte, empfing er Gottes Offenbarung vom Gesetz der Gerechtigkeit. Als Aaron zuhörte, hörte er Beschwerden, Wünsche, Forderungen. Mose brachte kompromißlose Gesetze vom Himmel mit. Aaron fiel auf die Launen der Menschheit herein. *Es lag am Hören.*

Der Garten unserer Verborgenen Welt wird nicht nur bearbeitet, wenn wir uns Zeit für Ruhe und Einsamkeit nehmen, sondern auch, wenn wir in dieser Umgebung damit anfangen, überlegt die Disziplin des Hörens auszuüben. Ich habe bisher wenig Menschen getroffen, die wissen, wie man auf Gott hört. Geschäftigen Leuten fällt es ohnehin schwer zu lernen, wie man das macht. Die meisten Menschen lernen schnell, wie man zu Gott sprechen kann. Aber sie lernen nicht, auch auf ihn zu hören.

Wir hören jedesmal, wenn wir die Schrift öffnen und uns zu Füßen der inspirierten Schreiber setzen, die uns die Geheimnisse Gottes aufschließen. Wie ich später noch beschreiben werde, hören wir zu, indem wir für den Anspruch des Heiligen Geistes Gottes empfänglich werden. Zuhören geschieht, wenn ein Prediger oder Lehrer die Schrift durch die Macht des Geistes Gottes auslegt.

Über all diese Dinge sollte man diskutieren. (Ganz abgesehen davon, daß man sie in die Tat umsetzen muß!) Aber jetzt möchte ich lieber über eine andere Übung sprechen, durch die man eine Basis für alle anderen Arten des Zuhörens bekommen kann.

Das Stille-Zeit-Buch — eine Hilfe, wie ich auf Gott hören kann

Als ich das Leben der kontemplativen Mystiker unter die Lupe nahm, entdeckte ich das Stille-Zeit-Buch als einen praktischen Weg, um Gott im Garten meiner Verborgenen Welt zu hören. Ich fand nämlich folgendes heraus: Wenn ich mit einem Stift vor einem Blatt Papier sitze, bin ich schon einmal erwartungsvoll und bereit dazu, alles von Gott zu hören, was er mir durch mein Lesen oder Nachdenken sagen könnte.

Diese Entdeckung machte ich vor beinahe 20 Jahren beim Lesen einer Biographie. Der Autor des Buches hatte die lebenslange Angewohnheit, seine geistliche Wanderschaft aufzuzeichnen. Ich profitierte nun von seiner Disziplin, obwohl er in erster Linie diese Aufzeichnungen zu seinem eigenen Vorteil gemacht hatte. Immer, wenn er durch Gottes Geist neue Lehre empfing, schrieb er sich alles genau auf. Welch ein Werkzeug muß das gewesen sein! Man konnte immer darauf zurückgreifen und die Spuren von Gottes Hand über seinem Leben erkennen.

Ich war beeindruckt von der Tatsache, daß, Jahrhundert für Jahrhundert, Frauen und Männer Tagebuch geführt hatten, und ich fragte mich, ob sie dadurch wohl ihr geistliches Wachstum beschleunigt hatten. Um dies noch genauer herauszufinden, entschloß ich mich, es selbst auszuprobieren. So begann ich Tagebuch zu führen.

Zunächst fiel es mir sehr schwer. Ich war etwas befangen und hatte Angst davor, das Tagebuch zu verlieren, oder davor, daß jemand neugierig hineinschauen würde, um zu sehen, was ich da wohl geschrieben hatte. Aber allmählich wich diese Befangenheit, und ich schrieb mehr und mehr Gedanken hinein, die meinen inneren Geist nur so überfluteten. Ich beschrieb meine Gefühle, Ängste, Schwächen, Hoffnungen und auch meine Entdeckungen, wohin Jesus mich führen wollte. Wenn ich mich leer oder besiegt fühlte, dann schrieb ich auch das auf.

Allmählich begriff ich, daß mir dieses Buch half, einen Großteil meiner inneren Persönlichkeit, mit der ich niemals völlig ehrlich gewesen war, in den Griff zu bekommen. Ängste und Kämpfe konnten nicht länger in mir bleiben, ohne klar definiert zu werden. Sie wurden an die Oberfläche gebracht, und ich setzte mich damit auseinander. Mir wurde zunehmend klarer, daß Gottes Heiliger Geist viele der Gedanken und Offenbarungen lenkte, während ich sie notierte. Auf dem Papier führten der Herr und ich einen persönlichen Austausch. Er half mir, um es mit Davids Worten auszudrücken, »mein Herz zu erforschen«. Er spornte mich dazu an, meine Ängste und Zweifel in Worte zu fassen. Und wenn ich dabei ehrlich war, kamen — sei es aus der Schrift oder aus meinem eigenen Herzen — die Bestätigungen, Rügen und Ermahnungen, die ich so nötig brauchte. Das begann aber erst, als ich mit meinem Tagebuch anfing.

Weil ich entdeckte, daß meine Gebete häufig zusammenhanglos schienen und daß ich mich nicht konzentrieren konnte (oder sogar einnickte), dachte ich oft darüber nach, wie ich ein wirksames Anbetungs- und Fürbitteleben entwickeln könnte. Auch hier war das Tagebuch Mittel zum Zweck. Ich schrieb meine Gebete nieder, wenn meine gesprochenen Gebete zusammenhanglos waren. Nun wurden sie sinnvoll, und es begann Spaß zu machen, meine Schritte als Glaubender und Nachfolger Christi zu verzeichnen.

Wichtig bei diesem Tagebuch war, daß ich nicht nur die guten Momente, sondern auch die schlechten Zeiten darin aufzeichnete. War ich einmal mutlos oder verzweifelt, konnte ich meinen Gefühlen freien Lauf lassen und davon berichten, wie sehr mir Gott half und meine Entscheidungen unterstützte. Dies waren besondere Zeiten in meinem Leben, auf die ich nun zurückblicken konnte, und sie halfen mir, die Kraft Gottes inmitten meiner eigenen Schwäche zu feiern.

Ich erinnere mich daran, daß der Herr einmal den Israeliten befahl, »einen Krug Manna« aufzubewahren (2. Mose 16,33), so daß sie eine greifbare Erinnerung seiner Fürsorge hätten. Das Tagebuch wurde mein »Mannakrug«, denn darin fanden sich alle Zeugnisse der Treue Gottes in meinem Leben. Die Erinnerung, die man durch ein solches Tagebuch bewahren kann, ist sehr wichtig.

Nach 20 Jahren Tagebuchführung ist es mir heute zur Gewohnheit geworden. Es vergeht kaum ein Morgen, an dem ich nicht das Tagebuch öffne und die Dinge eintrage, die ich Gott durch mein Lesen, mein Nachdenken und meine tägliche Erfahrung sagen höre. Wenn ich mein Tagebuch öffne, öffnet sich auch das Ohr meines Herzens. Wenn Gott sprechen möchte, bin ich bereit zuzuhören.

Als W. E. Sangster noch ein junger Pfarrer in England war, wurde er immer unruhiger über das geistliche Klima in der englischen Methodistenkirche. Er grübelte über seine eigene Rolle als zukünftiger Leiter nach und zeichnete seine Gedanken in einem Tagebuch auf, um sein Denken zu schärfen. So konnte er seine innersten Gedanken zu Papier bringen und sich so verdeutlichen, was Gott ihm aufs Herz legen wollte. Wenn man einige Jahrzehnte später seine Gedanken durchliest, erkennt man, wie ein Mann sein Tagebuch dazu benutzte, um Ordnung in seine Verborgene Welt zu bringen, so daß er später für Gott brauchbar war, um Ordnung in sein ganzes Umfeld zu bringen. Eines Tages schrieb er:

»Ich fühle mich der Arbeit unter Gottes Herrschaft hingegeben, um diesen Zweig seiner Kirche zu erneuern, und zwar unbeschadet meines eigenen Rufes, unabhängig von den Meinungen älterer und eifersüchtiger Männer. Ich bin 36 Jahre alt. Wenn ich Gott auf diese Art dienen soll, darf ich mich nicht länger vor der Aufgabe drücken, sondern muß sie tun.
Ich habe mein Herz nach Ehrgeiz durchforscht. Aber ich bin sicher, daß ich keinen habe. Ich hasse die Kritik, die ich heraufbeschwören werde, und das Geschwätz der Leute ist mir zuwider. In der Verborgenheit in Büchern herumschmökern und einfachen Menschen dienen — das mag ich. Aber der Wille Gottes ist meine Aufgabe.
Ich konnte es kaum glauben und war völlig perplex: ich hörte die Stimme Gottes, die zu mir sagte: ›Ich möchte die Melodie durch dich zum Klingen bringen.‹ O Gott, schreckte je ein Apostel mehr vor dieser Aufgabe zurück? Ich traute mich nicht, ›nein‹ zu sagen, aber wie Jona wäre ich gerne weggelaufen.
Gott, hilf mir, Gott, hilf mir. Womit soll ich beginnen? Den Methodismus zu seiner eigentlichen Arbeit zurückzuführen.«[5]

Sangsters Worte geben ein wundervolles Beispiel eines Mannes, der auf Gott in seiner Verborgenen Welt hörte, indem er Tagebuch führt. Er brachte seine Träume zu Papier, um destruktiven Ehrgeiz von echtem unterscheiden zu können. Er suchte nach Hinweisen dafür, daß seine Gedanken vielleicht nicht die des himmlischen Vaters wären. Er rang mit Selbstzweifeln. Ist es nicht interessant, daß er, als er die leise göttliche Stimme vernahm, dieses kaum wahrnehmbare Flüstern seines Gottes zu Papier brachte?

Wie ich ein Tagebuch führen kann

Wenn ich öffentlich über Tagebuchführung geredet habe, waren die Leute normalerweise sehr interessiert und hatten viele Fragen. Ihr erstes Interesse galt mehr der Technik als den inhaltlichen Dingen. Wie sieht Ihr Tagebuch aus? Wie oft schreiben Sie hinein? Was schreiben Sie auf? Ist es nicht nur ein einfaches Tagebuch? Lassen Sie Ihre Frau in Ihrem Tagebuch lesen? Obwohl ich keineswegs ein Tagebuchexperte bin, gebe ich Antworten, so gut ich eben kann.

Meine Tagebücher sind Ringbücher, die ich von einem Schreibwarenladen beziehe. Sie sehen nicht besonders beeindruckend aus. Jedes reicht für ungefähr drei Monate. Das kleine Format hat zwei Vorteile: a) ich kann es bequem einstecken; b) wenn ich es einmal verlieren sollte, fehlt mir nicht gleich ein ganzes Jahr meiner Aufzeichnungen.

Ich schreibe beinahe jeden Tag in dieses Buch, dabei ist es aber auch nicht allzu schlimm, wenn einmal ein Tag ausfällt. Ich habe es mir zur Gewohnheit gemacht, am Anfang meiner Stillen Zeit hineinzuschreiben, d. h. es ist das erste, was ich morgens tue.

Was steht denn nun eigentlich darin? Zunächst einmal all das, was ich am Vortag getan, wen ich getroffen und was ich gelernt habe, Gefühle, die in mir hochkamen, und Eindrücke, die ich, meiner Meinung nach, von Gott erhalten habe.

Wie ich bereits sagte, schreibe ich gelegentlich sogar Gebete auf oder Erkenntnisse aus der Bibellese oder anderer geistlicher Literatur sowie Dinge, die meinen persönlichen Lebenswandel betreffen. Ich zeichne gern Dinge auf, die ich im Leben meiner Familienangehörigen beobachte. Ich nehme an, daß unsere Kinder eines Tages einige dieser Bücher durchsehen werden, und wenn ich ihnen noch nach meinem Tode Bestätigung für die Dinge geben kann, die ich heute in ihrem Leben wachsen sehe, wird es für sie ein wertvoller Schatz sein.

All das gehört für mich zum Hören auf Gott. Während ich schreibe, weiß ich, daß das, was ich schreibe, vielleicht sogar das ist, was Gott mir sagen will. Ich wage es einmal anzunehmen, daß sein Heiliger Geist sich oft mit den Dingen befaßt, über die ich nachdenken will und die ich aufzeichne. Es ist wichtig, mein Herz zu durchforschen und zu sehen, welche Lösungen er bereithält, an was er mich erinnern möchte, und welche Themen er in mein Innenleben einprägen will.

Als mir neulich eine enorme Herausforderung in meinem Dienst bevorstand, schrieb ich die folgenden nachdenklichen Worte in mein Tagebuch:

> »Herr, was verstehe ich davon, Kraft aus deiner Quelle zu nehmen? Ich mit meinem flachen Denken, meinem schwachen Geist und meiner geringen Disziplin. Was gibt es denn nur an mir, was du gebrauchen könntest? Ich habe Talente, aber andere haben mehr und machen besseren Gebrauch davon. Ich habe zwar Erfahrung, aber andere haben mehr und haben besser davon profitiert. Also — was bleibt da noch übrig?
> Vielleicht liegt die Antwort in (Hudson) Taylors Bemerkung: ›Gott gebraucht Menschen, die schwach und bedeutungslos genug sind, um sich bei ihm anzulehnen.‹ Aber, Herr, ich habe Angst, wenn ich auch schwach genug bin . . . reicht denn meine Einsicht aus, um zu wissen, woher meine Hilfe kommt?
> Wenn du mir auferlegst, dieser Aufgabe nachzukommen, was wird mich unterstützen? Was ist mit den schlaflosen Nächten, wenn ich so allein sein werde? Wie soll ich mit meinem Verlangen nach Anerkennung fertig werden? Wie mit der Versuchung,

als Leiter gut dastehen zu wollen? Wie soll mein Urteil rein, mein Denken scharf und mein Geist erfüllt sein? Nun frage ich ernsthaft: Kann ich diesen Kelch trinken? Was wird mich von den Nöten der Verlorenen überzeugen? Was wird mich für die Armen sensibel machen? Wodurch werde ich hören können, beten, arbeiten, einfach bleiben? O Gott, nur dein Eingreifen kann mir helfen.«

Tagebuch führe ich ganz normal von der ersten Seite an beginnend; daneben mache ich mir aber auch Aufzeichnungen von der letzten Seite zur Mitte zu. Die Schlußseiten enthalten eine Fürbittenliste mit Namen und Gebetsanliegen. Oben auf jede Seite schreibe ich: »Enthält meine Gebetsliste jeweils die Menschen und Pläne, denen ich am meisten verpflichtet bin?«

Und wenn ich dann so von hinten nach vorne schreibe, notiere ich oft Auszüge davon, was mich von meiner täglichen Lesung besonders beeindruckt hat. Oft nehme ich mir dann Zeit, eine Reihe dieser Kurzparagraphen durchzulesen. Es können Gebete sein, überdenkenswerte Abschnitte von Autoren wie St. Thomas, A. W. Tozer und Amy Carmichael oder Teile aus der Heiligen Schrift.

Und wenn dann mein Tagebuch von vorne und meine täglichen Denkanstöße von hinten in der Mitte zusammentreffen, dann stelle ich das Ringbuch weg und beginne ein neues. So steht dann ein weiteres Skizzenbuch im Regal, das meinen geistlichen Tagesablauf mit seinen Kämpfen und Lernerfahrungen portraitiert. Der Stapel geistlicher Skizzenhefte wächst immer weiter. Sollte unser Haus jemals zu brennen beginnen, und vorausgesetzt, die ganze Familie wäre bereits in Sicherheit, so würde ich diese Hefte wohl als erstes zu retten versuchen.

Liest meine Frau meine Tagebücher? Ich vermute, daß sie hie und da einen Blick hineinwirft. Aber ehrlich gesagt: meine Handschrift ist ziemlich unleserlich, und ich benutze eine Art Kurzschrift. So vermute ich, daß sie ziemlich zu tun hätte, um irgend etwas zu entziffern, was ich gesagt haben könnte. Unsere Beziehung ist jedoch so eng, daß die Hefte wenig hergäben, was sie erstaunen würde.

Denjenigen, die jetzt befürchten, es könne aber doch einmal ein Unbefugter darin lesen, empfehle ich, daß sie ihr Tagebuch unter Verschluß nehmen. Dann kann wirklich kein Fremder hineinschauen. Wo Vertraulichkeit wichtig ist, solltest du einen Weg finden, sie zu sichern. Angst vor Geheimhaltung ist jedenfalls kein hinreichender Grund, ein Tagebuch nicht zu beginnen.

Tagebuchführen wird den meisten Menschen zur Gewohnheit, wenn sie es mehr als ein halbes Jahr durchhalten. Viele geben es zu schnell wieder auf, so daß es ihnen gar nicht erst zur Gewohnheit werden kann, und das ist schade.

Ich nehme mein Tagebuch auch auf meine Reisen mit. Das hilft mir, weil ich mir Notizen über diejenigen mache, die ich getroffen habe; und wenn ich dann wieder einmal an einen Ort zurückkehre, an dem ich vorher schon einmal gewesen war, muß ich nur mein Tagebuch aufschlagen und kann so Beziehungen wieder aufbauen, die wegen der Entfernung nicht aufrechterhalten werden konnten.

In der Erörterung des Tagebuchführens habe ich mich nun auf das Nebengleis seiner Vorteile für die zwischenmenschlichen Beziehungen begeben. Diese Vorteile sind sicher groß; aber der eigentliche Wert eines Tagebuches besteht darin, daß es als Hilfsmittel dient, um die leise Stimme Gottes hören zu können, die aus dem Garten meiner Verborgenen Welt kommt. Ein Tagebuch ist ein wunderbares Werkzeug, um sich zurückzuziehen und mit dem Vater Gemeinschaft zu haben. Wenn ich schreibe, ist es, als führte ich eine direkte Unterhaltung mit ihm. Und du wirst spüren, daß du geführt wirst, Worte aufzuschreiben, in denen Gottes Geist auf eine geheimnisvolle Weise aktiv ist, und es geschieht Gemeinschaft auf einer ganz tiefen Ebene.

Ich erinnere mich an Howard Rutledge in seinem Gefangenenlager. Jede Stimme war feindlich. Jedes Geräusch signalisierte: etwas läuft verkehrt. Gab es an so einem scheußlichen Platz eine freundliche Stimme, einen lieblichen Klang aus dem Jenseits? Ja, wenn Sie sich darauf eingestellt haben, in dem inneren Garten zu hören. Dort kann der schönste aller Klänge vernommen werden, und zwar von denen, die zu dem gehören, der unsere Gemeinschaft und unser Wachstum möchte. Um es einmal mit den Worten eines alten und sehr gefühlvollen Liedes auszudrücken:

»Er spricht, und der Klang seiner Stimme
Ist so süß, daß die Vögel
In ihrem Gesang innehalten.«
(C. Austin Miles, »In the Garden«)

Anmerkung für Desorganisierte

Wenn meine Verborgene Welt in Ordnung ist, dann deshalb, weil ich die Worte Jesu in meine Haltung und mein Handeln aufnehme.

Kapitel 12

Man muß immer erst eintreten

E. Stanley Jones gehörte nicht immer zu der Art von Menschen, die noch im schmerzhaften Todeskampf sagen konnten: »Die inneren Stränge sind die stärksten. Ich brauche keine äußeren Requisiten, um meinen Glauben aufrechtzuerhalten, denn mein Glaube erhält mich.« In den Anfängen seiner Dienstzeit hatte er einen vorübergehenden Zusammenbruch erlitten. Über ein Jahr lang war er geistlich und körperlich am Boden. »Das geistliche Durchhängen brachte auch das körperliche Durchhängen mit sich«, schrieb er. Zum äußeren Zusammenbruch kam es, weil die innere Erfahrung ihn nicht aufhalten konnte. »Ich hatte es mir zum lebenslangen Vorsatz gemacht, daß ich nicht predigen würde, was ich nicht selber erfahre, und so kam es bei mir äußerlich und innerlich zum Zusammenbruch.« [1]

Die Disziplin des Geistes — was ich die Kultivierung des inneren Gartens nenne — hängt vom Willen des einzelnen Christen ab, sich Einsamkeit und Ruhe zu suchen, um auf die leise Stimme Gottes zu hören.

Aber wir müssen die Dinge, die wir in der Einsamkeit und Stille hören, auch verinnerlichen. Ich schreibe dieses Buch mit der technischen Hilfe eines Computers mit einem Wortspeicherprogramm. Als ich mich zuerst mit dem Computer vertraut machte, mußte ich die Funktion des »Schlüsselwortes« lernen. Die Gebrauchsanweisung lehrte mich, daß ich alles, was ich wollte, auf den Computerschirm, den ich vor mir hatte, bringen konnte. Bevor ich jedoch nicht die Eingabetaste betätigte, »hörte« oder »reagierte« der Computer auf keines meiner eingetippten Worte. Egal, wie beeindruckend meine Worte lauteten: sie erschienen nur auf dem Bildschirm, konnten aber nicht bis in das Herz (das »Memory«-Speicherzentrum) des Computers gelangen.

Auch ich habe die Fähigkeit, Dinge zwar zu hören, *sie aber nicht unbedingt in mich hineinzulassen.* Das, was in meinen Gedanken herumschwirrt, findet nicht unbedingt Zugang zu meinem Herzen. Der Evangelist der Heilsarmee, Samuel Logan Brengle, schrieb über seine geistlichen Disziplinen folgendes:

> »Ich verbringe viel Zeit damit, zuzuhören. Gebet soll nämlich nicht nur ein Monolog, sondern ein Dialog sein. Es ist Gemeinschaft, eine freundliche Unterhaltung. Während der Herr hauptsächlich durch sein Wort mit mir redet, schenkt er mir viel Zuneigung auf eine sehr direkte Art und Weise. Mit ›Zuneigung‹ meine ich nicht, daß er mich drückt und umarmt, sondern daß er mir eine *Gewißheit* schenkt; die Gewißheit seiner Gegenwart in mir und seine Freude an meinem Dienst. Das ist die Art von Zuneigung, die ein Militärbefehlshaber seinem Soldaten oder seiner Ordonanz auf eine schwierige Mission mitgibt. ›Geh, zieh deine Rüstung an, ich habe ein Auge auf dich, und ich werde dir alle Verstärkung schicken, die du nur brauchst.‹ Ich habe viel von derartiger Zuneigung nötig. Ich nehme nicht einfach an, daß Gott nahe bei mir ist, und daß ich ihm gefalle. Jeden Tag muß ich mir das von Gott aufs neue bestätigen lassen.«[2]

Die Bibel berichtet von einem anderen Samuel, einem Jungen, der im Heiligtum unter Eli, dem Hohenpriester, diente. In der Nacht hörte Samuel, wie jemand seinen Namen nannte. Er lief zu Elis Bett und dachte, daß dieser ihm einen Befehl erteilen wollte. Aber Eli hatte ihn nicht gerufen, und Samuel kehrte zu seinem Lager zurück. Aber der Ruf kam wieder und wieder. Eli versuchte, sich in Samuels Lage zu versetzen, und schlug ihm vor, wie Samuel das nächste Mal auf die Stimme reagieren könnte. »Geh wieder hin und lege dich schlafen. Und wenn du gerufen wirst, sprich: ›Rede, Herr, denn dein Knecht hört‹« (1. Sam. 3). In anderen Worten: Samuel, drücke die »Eingabetaste«!

Genau dies tat er, und der Herr sprach. Die Worte Gottes drangen bis in sein Herz vor und veränderten sein Geschick.

Wir stärken die innersten Stränge, um mit Jones zu sprechen, indem wir sichergehen, daß Gottes Worte bis in den Garten unserer Verborgenen Welt dringen. Der erste Schritt zur geistlichen Disziplin heißt: Einsamkeit und Ruhe zu finden. Der zweite Schritt heißt: lernen, auf Gott zu hören. Der dritte Schritt heißt: die Eingabetaste drücken, und das kann man durch *Nachdenken und Meditation* tun.

Manche Christen sind befangen und ablehnend gegenüber derartigen Begriffen. Sie denken, daß solche Dinge eine Tür zu unkontrollierbaren Aktivitäten öffnen und zu Fehlschlüssen führen könnten. Sie stellen sich dann vor, wie die Leute im Schneidersitz in Trance versinken.

Aber die Bibel steckt voller nachdenklicher und meditativer Stellen und fordert uns auf, unsere Verborgene Welt diesen Abschnitten zu öffnen. Am beliebtesten sind Abschnitte aus den Psalmen, in denen der Verfasser seinen Geist auf einige Aspekte der Natur Gottes und seiner ständigen Fürsorge für seine Kinder lenkt.

Der Psalmist sah Gott durch verschiedene meditative Brillen. Beispielsweise sah er Gott einmal als Schäfer, ein andermal als kommandierenden General.

Meditieren bedeutet, seinen Geist auf die himmlischen Frequenzen einzustellen. Man nimmt sich einen Teil der Schrift vor und erlaubt ihm, in die tiefsten Winkel der Seele einzudringen. Die Ergebnisse fallen oft sehr unterschiedlich aus: Reinigung, Bestätigung, das Verlangen danach, den Herrn zu preisen und ihm Dank zu sagen. Manchmal macht Meditation über einen Teil der Natur Gottes oder sein Handeln den Geist willig, sich neu seiner Leitung zu unterstellen oder das, was der Herr uns sagen möchte, neu zu begreifen.

In seinem »Buch der Gebete« zeigt uns John Baillie eine Art der Meditation, wenn er betet:

> »Allmächtiger Vater, in dieser stillen Stunde suche ich die Gemeinschaft mit dir. Von dem Ärger und der Aufregung des alltäglichen Lebens, von den Mißklängen der Welt und dem Lob und der Kritik der Menschen, von den wirren Gedanken und den nichtigen Vorstellungen meines eigenen Herzens möchte ich mich jetzt abwenden und die Ruhe deiner Gegenwart suchen. Den ganzen Tag lang habe ich mich gemüht und geplagt. Nun aber möchte ich in der Ruhe des Herzens und dem klaren Licht deiner Herrlichkeit über das Muster, welches mein Leben webt, nachsinnen.«[3]

Natürlich können wir nur dann meditieren, wenn wir eine Umgebung gefunden haben, die uns genügend Zeit, Ruhe und Zurückgezogenheit gewährleistet. Man kann auch nicht gut in einem Bus meditieren, oder wenn man seinen Wagen durch den Verkehr schleust — obwohl ich schon Menschen kennengelernt habe, die das als geistliche Disziplin ansehen.

Viele von uns werden entdecken, daß man zum Meditieren eine Vorbereitungszeit braucht. Vielleicht hast du schon erlebt, wie es ist, von einem harten Training zu kommen und noch ganz außer Atem zu sein. Dann weißt du, daß es schier unmöglich ist, sich in diesem Zustand einige Minuten still hinzusetzen. Du mußt einfach noch zu heftig ein- und ausatmen, um stillsitzen zu können. Dasselbe gilt für ruhiges Nachdenken. Wir kommen oft in unser Zimmer, um Gott dort zu treffen, während wir emotionell noch völlig außer Atem sind. Es ist sehr schwer, unsere Gedanken zu konzentrieren und in die Gegenwart Gottes zu bringen. Wir müssen uns erst für eine kurze Zeit entspannen, damit sich das Denken den geistlichen Vorgängen in der Umgebung des »Gartens« angleicht. Das braucht Zeit, aber manche Menschen zögern, sich diese Zeit zuzugestehen.

Christen haben die Bibel zu allen Zeiten für die zentrale Offenbarung unseres Glaubens gehalten und sie der Meditation für wert befunden. Lassen Sie mich hinzufügen, daß das Lesen klassischer Bücher für geistliches Wachstum unerläßlich ist. Durch alle Jahrhunderte hindurch begegnen wir Männern und Frauen, die uns ihre Kenntnisse und ihre Stille Zeit überliefert haben. Selbst wenn diese Bücher nicht die maßgebliche Kraft der Bibel haben, enthalten sie dennoch eine enorme Menge an geistlicher Nahrung.

Nachdenken und Meditation erfordern ein gewisses Quantum an Vorstellungskraft. So lesen wir zum Beispiel den ersten Psalm und stellen uns dabei einen Baum vor, der an einen Bach gepflanzt ist. Was kann man nun aus dem Bild dieses Baumes herauslesen, mit dem der Schreiber den Mann und die Frau vergleicht, die mit Gott wandeln? In Psalm 19 versetzen wir uns in das Universum und stellen uns Himmelskörper und ihre unbeschreibliche Botschaft vor. Oder wenn wir das Wirken Jesu betrachten, können wir uns einfach in das Geschehen hineinversetzen. Wir sehen den Retter heilen, sehen ihn predigen, und wir antworten auf seine Anweisungen. Dann meditieren wir über Worte der Propheten, lernen vielleicht einige von ihnen auswendig und erlauben ihnen, in unser Innerstes einzudringen, indem wir sie ständig wiederholen. Aus derartigen Übungen kommen neue und wunderbare Erkenntnisse. Gottes Wort *tritt* in unsere Verborgene Welt *ein*. Und weil wir unsere Aufmerksamkeit auf sein Wort gelenkt haben, können wir sicher sein, daß der Heilige Geist uns in der Meditation führen wird.

C. S. Lewis spricht, als er an eine amerikanische Freundin schreibt, über derartige Meditationsübungen:

> »Wir gehen alle durch Zeiten der Dürre in unserem Gebet, nicht wahr? Ich bin gar nicht einmal sicher . . . ob sie schlechte Symptome sein müssen; ich argwöhne sogar, daß, wenn wir *denken,* gerade unsere schönsten Gebete gesprochen zu haben, diese manchmal unsere schlechtesten sind. Wir freuen uns nämlich, weil uns der scheinbare Erfolg befriedigt, wie wenn man einen Tanz aufführt oder ein Gedicht aufsagt. Gehen unsere Gebete manchmal in die falsche Richtung, weil wir nur versuchen, weiter zu Gott zu reden, als er doch eigentlich mit uns reden wollte? Joy erzählt mir, daß sie einmal vor Jahren frühmorgens das Gefühl hatte, daß Gott etwas von ihr wollte, sie spürte einen ständigen Druck, wie wenn man eine Pflicht vernachlässigt hat. Einige Stunden fragte sie sich, woher das wohl käme. Aber in dem Moment, als sie aufhörte, darüber nachzudenken, kam die Antwort so klar, als hätte jemand laut zu ihr gesprochen: ›Ich möchte nicht, daß du irgend etwas *tust,* sondern ich möchte dir

> etwas *geben.*‹ Und sofort war ihr Herz in Frieden und voller Freude. St. Augustinus sagt: ›Gott schenkt, wo er leere Hände vorfindet.‹ Ein Mensch, dessen Hände voller Päckchen sind, kann kein Geschenk empfangen. Vielleicht sind diese Päckchen gar nicht immer Sünde oder ein Bekümmertsein um weltliche Dinge, aber vielleicht sind es unsere umständlichen Versuche, ihn auf *unsere Art* anzubeten. Was übrigens häufig meine eigenen Gebete unterbricht, sind nicht großartige Zerstreuungen, sondern eher die kleinen Dinge, die ich in der nächsten Stunde noch zu erledigen habe oder auslassen muß.«[4]

Hier haben wir ein gutes Beispiel über Nachdenken und Meditation. Gott redet. Wir hören, und die Botschaft gelangt mitten in unser Herz. Wir brauchen also nicht mehr so viel dieser äußeren Requisiten, denn der innere Garten wird weiter bewässert. Wer geistliche Disziplin hat, wird in seiner Verborgenen Welt immer stärker werden.

Anmerkung für Desorganisierte

Wenn meine Verborgene Welt in Ordnung ist,
dann deshalb, weil ich mich dazu zwinge, Ereignisse
und Menschen mit den Augen Christi zu sehen,
so daß meine Gebete das Verlangen widerspiegeln,
mit seinen Vorstellungen und Zusagen in Einklang zu sein.

Kapitel 13

Mit himmlischen Augen sehen

In einem aufschlußreichen kleinen Büchlein über kontemplativen Glauben, das vor über 60 Jahren verfaßt wurde, schreibt eine europäische Christin namens Bridget Herman:

> »Wenn wir das Leben der Heiligen betrachten, fällt uns auf, daß sie viel Zeit für Muße hatten und gleichzeitig ungemein wirksam waren. Sie waren niemals in Eile; sie taten auch relativ wenig, und das, was sie taten, war nicht unbedingt herausragend oder wichtig; auch waren sie nicht sehr besorgt um ihren Einfluß; dennoch schienen sie genau das Richtige zu tun. Ihr Leben war ein einziges Vorbild. Die einfachsten Handlungen waren ausgezeichnet und hatten etwas Besonderes, wie von einem Künstler. Der Grund dafür ist leicht zu finden. Ihre Heiligkeit kam aus der Angewohnheit, die kleinsten Handlungen vor Gott zu bringen. Sie lebten in Gott. Sie handelten einzig und allein aus der Liebe zu Gott. Sie waren genauso frei von Egoismus wie von Sklaverei und kamen gut bei den anderen an. Gott sah und Gott belohnte sie. Was hatten sie außerdem noch nötig? Sie besaßen Gott und hatten sich ihm vollkommen ausgeliefert. Dennoch scheint die unveräußerliche Würde dieser demütigen, stillen Figuren aus dem Nichts so viel zu schaffen.« [1]

Der vierte Weg, um Gemeinschaft mit Gott im Garten unserer Verborgenen Welt haben zu können, ist *der Lobpreis und das Fürbittegebet.* Das, so Bridget Herman, charakterisiert die Heiligen. »Ihre Heiligkeit lag in ihrer Angewohnheit, auch die kleinsten Handlungen vor Gott zu bringen.«

»Laß das innerliche Gebet das letzte sein, was du tust, bevor du in den Schlaf versinkst, und das erste, wenn du aufwachst«, schrieb Thomas Kelly. »Und du wirst bald wie Brother Lawrence herausfinden, daß ›diejenigen, die den starken Wind des Geistes haben, selbst noch im Schlaf weiterbeten.‹« [2]

Die meisten von uns haben das noch nie erfahren. Tägliches diszipliniertes Gebet ist eine der schwierigsten Übungen der Christen.

So werden Ehemänner beispielsweise oft zugeben, daß das gemeinsame Gebet mit ihrer Frau sehr schwierig ist. Warum? Sie haben dafür keine Antwort. Manchmal geben sogar Pfarrer ehrlich zu, daß sie Schwierigkeiten mit dem Gebet haben, und auch sie finden keine Erklärung dafür.

Da ich mit vielen Christen darüber gesprochen habe, bin ich zu der Ansicht gekommen, daß Anbetung und Fürbitte an oberster Stelle auf der Liste der geistlichen Kämpfe stehen. Niemand würde verleugnen, daß Gebet wichtig ist. Wenige jedoch glauben, daß sich ihr Gebetsleben ausreichend weiterentwickelt. Das ist einer der Hauptgründe, warum sich die innerlichen Gärten so vieler Verborgener Welten in Unordnung befinden. Deshalb hätten die meisten von uns auch Schwierigkeiten, mit E. Stanley Jones zu sagen: »Ich brauche keine weiteren Requisiten.«

Warum uns das Beten so schwer fällt

Warum kämpfen so viele Menschen mit dem Gebet? Lassen Sie mich drei mögliche Gründe dafür aufzeigen.

Lobpreis und Fürbitte scheinen zu den unnatürlichen Dingen zu zählen

Mann und Frau waren von Anfang an dazu geschaffen, sich nach Gemeinschaft mit dem Vater zu sehnen. Die Auswirkungen der Sünde aber haben den größten Teil dieser menschlichen Sehnsucht zerstört. Die Sünde verwandelte eine natürliche Aktivität in eine unnatürliche Funktion.

Meine Vermutung ist, daß die Sünde den Menschen so angriff, daß sie am meisten seine geistlichen Dimensionen beeinträchtigte. Die körperlichen Bedürfnisse und Sehnsüchte jedoch blieben unvermindert groß. Unsere instinktive Suche nach Nahrung, sexuellem Vergnügen und Sicherheit ist vermutlich heute noch genauso ausgeprägt, wie sie es von Anfang an war. Und es wird uns helfen anzunehmen, daß der Mensch in seiner sündlosen Natur vermutlich einmal ein so großes — wenn nicht viel größeres — Verlangen nach Gemeinschaft mit dem Schöpfer hatte wie nach der heute noch aktuellen Befriedigung des natürlichen und sehr konkreten Hungers und der Instinkte. Aber der geistliche Hunger, der einst zweifelsohne sehr mächtig war, wurde durch die Macht der Sünde schrecklich eingeschränkt. So sind Anbetung und Fürbitte für uns eine schwierige Herausforderung geworden.

Deshalb mobilisiert ein wirklich mächtiges Gebet so ziemlich jedes Empfinden in unserem natürlichen Selbst und ist allem, was uns unsere Natur als Lebensweise predigt, ein Fremdkörper.

Darin liegt des Übels Kern. Nur wenige Menschen erkennen, welch eine Gehirnwäsche jeder von uns mitmacht. Unser Innenleben wird täglich mit Slogans bombardiert, die uns erzählen, daß alles an unserer geistlichen Natur nur Zeitverschwendung sei. Von jung auf wurde uns immer wieder eingeschärft, daß wir nur durch unser Handeln etwas erreichen können. Das Gebet scheint dabei als »Nichthandeln« zu gelten. Für jemanden, dessen Verborgene Welt sich in Unordnung befindet, scheint das Gebet überhaupt keine Wirkung zu zeigen.

Bevor wir nicht glauben, daß das Gebet wirklich ein wahres und äußerst bedeutungsvolles Handeln ist, daß es in Wahrheit Raum und Zeit durchdringt, um den Gott zu erreichen, den es wirklich gibt, werden wir niemals die Gewohnheit der Anbetung und Fürbitte annehmen. Um sich das anzugewöhnen, müssen wir uns bewußt anstrengen, den Teil in uns zu überwinden, der glaubt, daß Gebet nicht zum natürlichen Lebensstil gehöre.

Anbetung und Fürbitte bedeuten, stillschweigend zuzugeben, daß man schwach ist

Ein weiterer Grund, warum es Menschen so schwer fällt, anzubeten und Fürbitte zu leisten, ist, daß wir damit zugeben, daß wir schwach sind! Während unseres Betens erkennt etwas in unserem inneren Garten an, daß wir absolut von dem Einen abhängig sind, an den wir unsere Worte richten.

Nun können wir *aussprechen:* Ja, wir sind schwach! Wir können *ausdrücken:* Ja, wir sind völlig abhängig von Gott, in allem, was wir brauchen! Aber es ist eine Tatsache: tief in uns steckt ein Widerwille, das *anzuerkennen.* Es liegt etwas tief in uns, das diese Abhängigkeit ständig leugnet.

Ich war oft erstaunt über den Widerwillen vieler christlicher Männer, mit ihren Frauen zu beten oder in einer gemischten Gruppe die Leitung des Gebets zu übernehmen. Es passiert oft, daß sich eine christliche Frau darüber beschwert: »Mein Mann betet nie mit mir, und ich kann das nicht verstehen!«

Die Antwort mag darin liegen, daß Männern in unserer Kultur beigebracht wurde, niemals Schwäche zu zeigen oder niemals irgend etwas zu tun, was ihre Schwäche aufzeigen könnte. Das Gebet selbst ist in seiner eigensten Form eine Anerkennung dessen, daß wir schwach und von unserem Gott abhängig sind. Etwas im Mann ist sich darüber im klaren und kämpft unbewußt dagegen, sich mit dieser Abhängigkeit zu identifizieren.

Andererseits beobachte ich, daß die meisten Frauen — zumindest bis vor kurzem — niemals damit kämpfen mußten, sich ihre eigenen Schwächen einzugestehen. Vielleicht ist das ein Grund dafür, daß sie sich freier fühlen als die Männer, in einer Gruppe zu beten.

Es ist ein gutes Zeichen für geistliches Wachstum, wenn jemand zugeben kann, daß er eine Beziehung mit Gott braucht, um der Mensch zu sein, zu dem er geschaffen wurde. Es liegt eine enorme Befreiung in dieser Erfahrung.

Brother Lawrence schrieb:

> »Wir müssen mit besonderer Sorgfalt herausfinden, welche Tugenden wir am meisten benötigen und welche am schwierigsten zu gewinnen sind. Wir müssen die Sünden erkennen, auf die wir am häufigsten hereinfallen, und wissen, bei welchen Gelegenheiten wir am häufigsten und unvermeidbarsten zu Fall kommen. In der Stunde der Schlacht müssen wir uns in vollkommenem Vertrauen auf Gott werfen, fest in der Gegenwart seiner göttlichen Majestät aushalten, ihn demütig anbeten und unser Leid und unsere Schwächen vor ihn bringen. So werden wir in ihm alle Tugenden finden, obwohl wir vielleicht keine von ihnen besitzen.«[3]

Brother Lawrence schien niemals Probleme damit zu haben, seine Schwächen zuzugeben, und das ist ein Grund für sein lebendiges Gebetsleben.

Die Erhörung eines Gebetes
scheint manchmal lange auf sich warten zu lassen

Eine dritte Ursache dafür, daß wir mit dem Gebet Schwierigkeiten haben, liegt darin, daß es häufig mit den tatsächlichen Ergebnissen nicht übereinstimmt. Nein, ich unterschlage keine wichtige Auslegung der Schrift — hören Sie mir gut zu. Ich glaube tatsächlich, daß Gott Gebete erhört. Aber die meisten von uns hatten genug Erfahrung, um zu begreifen, daß seine Antworten nicht immer in der Form oder in dem Maße kommen, wie wir sie bestimmt haben.

Als junger Pfarrer gestand ich meiner Frau meine Verwirrung über diese Tatsache im persönlichen Gebet ein. »Manchmal scheint es, daß in den Wochen, in denen ich sehr wenig bete, meine Predigten mächtig und stark sind, und in den Wochen, in denen ich glaube, wirklich ganze Gebetsarbeit geleistet zu haben, scheinen sie am schlechtesten zu sein. Nun erkläre mir einmal«, forderte ich sie heraus, »was Gott von mir will, wenn er mir offensichtlich nicht jeden Gebetseinsatz mit dem gebührenden Segen beantwortet!«

Genau wie andere, habe ich für Heilungen, für Wunder, Führung und Beistand gebetet. Es gab Zeiten, in denen ich offengestanden sicher war, daß Gott mich erhören würde, da ich starke Glaubensgefühle hatte. Aber oft passierte überhaupt nichts; oder wenn etwas passierte, entsprach es überhaupt nicht dem, was ich vorher angenommen hatte.

Wir leben in einer Gesellschaft, die relativ gut organisiert ist. Wirf einen Brief in den Briefkasten, und er kommt normalerweise bei der von dir bestimmten Adresse an. Bestelle einen Artikel aus einem Katalog, und du bekommst ihn in der gewünschten Größe, Farbe und Modell. Bitte jemanden um einen Dienst; du kannst normalerweise erwarten, daß er getan wird. Mit anderen Worten: Wir sind daran gewöhnt, daß die Resultate unseren Plänen entsprechen. Deshalb kann das Gebet für viele von uns so entmutigend sein. Wie können wir das Resultat voraussehen? Wir sind versucht, uns vom Gebet als einer lebensfähigen Übung zurückzuziehen und zu versuchen, das Resultat selbst zu erlangen.

Aber die Wahrheit ist, daß mein Gebetsleben keinesfalls an die Resultate, die ich erwarte oder fordere, gebunden werden kann. Oft habe ich festgestellt, daß die Dinge, die ich von Gott als Antwort auf meine Gebete verlangte, für mich eventuell sehr ungesund gewesen wären. Ich habe gelernt, daß *Anbetung und Fürbitte weitaus mehr dazu da sind, daß ich mit Gottes Absichten übereinstimme, anstatt ihn zu bitten, mit den meinen übereinzustimmen.*

Henri Nouwen sagt es am besten, wenn er schreibt:

> »Das Gebet ist ein radikaler Umschwung all unserer geistigen Prozesse, weil wir uns im Gebet von uns selbst entfernen, von unseren Sorgen, Gedanken und von unserem Eigenlob, und daß wir all das, was wir als das ›Unsere‹ erkennen, Gott in dem einfachen Vertrauen überlassen, daß er durch seine Liebe alles neu macht.«[4]

Als unser Herr in der Nacht seiner Kreuzigung in den Garten kam, konzentrierte sich sein Gebet kurz vor seiner Gefangennahme darauf, die Einheit mit den Absichten seines Vaters zu bestätigen. Das ist reifes Gebet.

Oft habe ich angefangen zu beten, und dabei waren die Ergebnisse bereits in meinem Hinterkopf festgelegt. Ich wollte Kontrolle über die Menschen und Aktivitäten, für die ich betete, ausüben, indem ich dem Vater vorschrieb, wie sich alles abspielen sollte. Wenn ich das tue, sehe ich Menschen und Ereignisse durch eine weltliche Brille und nicht durch eine himmlische. Ich bete dann so, als wisse ich an Gottes Stelle, was am besten sei.

Thomas Kelly ist der Meinung, daß ein angemesseneres Gebet lautet: »Vater, sei du Herr über meinen Willen.« Vermutlich ist das eines der reinsten Gebete, die wir beten können: »Vater, bitte laß mich die Welt mit himmlischen Augen sehen.«

Und Kelly schreibt weiter:

> »Das Leben, das völlig gehorsam, völlig untergeordnet, völlig hörend sein möchte, ist erstaunlich in seiner Vollständigkeit. Seine Freuden und sein Friede sind groß und seine Demut am ausgeprägtesten; seine Kraft welterschütternd, seine Liebe einhüllend, und seine Einfalt ist die eines vertrauenden Kindes.«[5]

Diese Art zu denken war es, die mich die Hindernisse zum Lobpreis und zur Anbetung überwinden ließ, welche oft sehr hoch für mich waren. Ja, Beten ist in der Tat für den natürlichen Menschen unnatürlich. Aber Christus ist ins Leben gekommen. Und was einmal unnatürlich war, wird natürlich, wenn ich um die Kraft bitte, es tun zu können. Ja, Beten signalisiert Schwäche und Abhängigkeit. Aber dies ist die Wahrheit über mich, und ich lebe gesünder, wenn ich mich ihr stelle. Ja, ich gebe es zu: Die Antworten auf meine Gebete entsprechen nicht immer meinen Erwartungen. Aber das Problem liegt in meinen Erwartungen, nicht in den Möglichkeiten oder dem Feingefühl Gottes.

Wie können wir nun, nachdem ich diese Hindernisse aufgezählt habe, die Disziplin des Lobpreises und der Fürbitte im Garten entwickeln?

Gemeinschaft mit Gott

Die praktische Seite der Anbetung und der Fürbitte hat etwas mit *Zeit* zu tun. Wann soll ich beten? Sie hat weiterhin etwas mit meiner *Haltung* zu tun — wie soll ich beten? Und sie hat etwas mit dem *Inhalt* zu tun — was bringe ich alles ein, wenn ich meinen Vater treffe?

Jeder von uns wird während des Tages die Zeit finden, die für ihn am besten für geistliche Disziplinen geeignet ist. Ich bin ein ausgesprochener Morgenmensch. Aber einer meiner engsten Freunde erzählte mir, daß er die Abendstunden am besten findet. Während ich den Tag mit Gebet beginne, beendet er ihn damit. Keiner von uns hat stichhaltige Argumente für seine Wahl. Ich denke, es hat mit dem individuellen Rhythmus zu tun. Daniel von Babylon löste das Problem, indem er ein Morgen- und ein Abendmensch war — und ein Mittagsmensch dazu!

Wenn ich morgens erwache, ist es mir beinahe unmöglich, sofort in Anbetung und Fürbitte einzutreten, wenn ich mich in die Einsamkeit zurückziehe. Erinnern Sie sich an das »Außer-Atem-Prinzip«? Sie können praktisch unmöglich frisch und voll aktiv da sein, wenn Sie gerade eine Menge Gespräche und Entscheidungen hinter sich haben. Um sinnvoll beten zu können, muß das Denken auf ein entsprechend ruhiges Tempo »abgebremst« werden.

Damit das geschehen kann, beginne ich oft mit Lesen oder damit, mein

Tagebuch zu schreiben. Das wird meinen Verstand dann langsam davon überzeugen, daß ich es wirklich ernst mit meiner geistlichen Übung meine, und so rebelliere ich viel weniger, wenn ich mich dann dem Gebet zuwende.

Gibt es eine bevorzugte äußere Haltung für das Gebet? Vermutlich nicht — obwohl es einige Leute gibt, die das meinen. In der Bibel standen die Leute meistens während des Gebetes. Das hebräische Wort für *Gebet* heißt im Alten Testament jedoch, sich niederzuwerfen, und das kann manchmal heißen, der Länge nach auf dem Boden zu liegen.

Freunde von A. W. Tozer, einem großen Mann des Gebetes, erzählten mir, daß er im Schrank seines Studienzimmers einige Overalls hatte. Während seiner täglichen Gebetszeiten zog er einen dieser Overalls an und legte sich auf den harten Fußboden. Solch ein Anzug hielt dann den Schmutz von seiner Kleidung fern. Es ist auch wertvoll, die Gebetshaltung der Moslems auszuprobieren. Sie knien nieder und beugen sich dann so weit nach vorn, daß ihre Stirn den Boden berührt. Ich habe entdeckt, daß mir, wenn ich müde bin, die Haltung der Moslems hilft, um mein Denken und meinen Geist wachzuhalten.

Manchmal laufe ich während des Gebetes in meinem Studierzimmer auf und ab; manchmal sitze ich einfach. Tatsache ist, daß man das Gebet in verschiedenen Haltungen ausführen kann, und vielleicht sollte man nach und nach jede von ihnen ausprobieren.

Ernsthafte Fürbitter haben Gebetslisten. Obwohl ich nicht von mir behaupten kann, ein ernsthafter Fürbitter zu sein, habe ich doch eine solche Liste. Und sie befindet sich, wie ich bereits sagte, auf den letzten Seiten meines Tagebuches. Dort kann ich die Hauptanliegen, für die ich bete, noch einmal nachsehen. Das ist für mich das einzige Mittel, diejenigen, für die Gott mir eine Last gegeben hat, als Ausdruck meiner Liebe und Fürsorge verantwortlich vor den Herrn zu bringen.

Der Inhalt des Gebetes

Wofür sollen wir beten? Schauen wir uns einen Auszug aus den Gebeten Samuel Logan Brengles, eines Evangelisten der Heilsarmee zu Beginn dieses Jahrhunderts, an:

> »O Herr, bewahre mich davor, geistig und geistlich eine Niete und ein Narr zu werden. Hilf mir dabei, ein körperlicher, geistiger und geistlicher Athlet zu bleiben, der sich täglich verleugnet, sein Kreuz auf sich nimmt und dir nachfolgt. Gib mir guten Erfolg in meiner Arbeit, aber bewahre mich vor Stolz. Bewahre mich auch vor der Selbstzufriedenheit, die so oft eine Begleiterscheinung des Erfolgs und Reichtums ist. Bewahre

meinen Geist vor Trägheit, vor Selbstgefälligkeit, da physische Schwächen sowie Altersschwäche in meinem Leben zunehmen.«[6]

Kein Wunder, daß Brengle so wirksam war. Er wußte, wofür er zu beten hatte und wie. Er hielt nichts zurück — selbst nicht in einem so kurzen Gebet wie diesem. Nach Aufzeichnung dieses Gebetes fügt Brengles Biograph hinzu: »Indem er täglich und stündlich so betete, blieb der Prophet voller Hingabe und hielt seine Augen ständig auf den Herrn gerichtet, bis zu seinem Lebensende.«

Anbetung

Wenn wir in unseren geistlichen Disziplinen dem Vater in unserem inneren Garten begegnen, sollten wir uns als erstes in die Anbetung hineinbegeben.

Wie können wir anbeten? Zuerst sollten wir uns auf Gott konzentrieren und ihm für die Dinge danken, die er uns über sich selbst offenbart hat. Anbetung im Gebet bedeutet, unserem Geist zu erlauben, ihn für das zu feiern, was Gott uns über seine Taten in der Vergangenheit offenbart und was er uns von sich gezeigt hat. Wenn wir diese Dinge in einer Haltung der Danksagung und Anerkennung an uns vorüberziehen lassen, merken wir, daß wir allmählich geistlich weiter sehen: die Wahrheit, Gottes Anwesenheit und sein »Sein« in größerem Zusammenhang erkennen. Langsam kann unser Bewußtsein dann die Tatsache annehmen, daß das Universum um uns herum nicht geschlossen und begrenzt ist, sondern in der Tat so weit ist, wie der Schöpfer es geschaffen hat. Wenn wir in die Anbetung hineinkommen, erinnern wir uns selbst daran, wie groß er ist.

Beichte

Im Licht von Gottes Majestät sind wir zur Ehrlichkeit uns selbst gegenüber aufgerufen. Wir müssen zugeben, was wir im Gegensatz zu Gott sind. Dies ist der zweite Aspekt der Anbetung: die Beichte. Geistliche Disziplin ruft regelmäßig zur Erkenntnis unserer wahren Natur und den speziellen Handlungsweisen und Haltungen auf, die Gott nicht gefallen konnten, als er von uns Jüngerschaft und Gehorsam erwartete.

»Gott, sei mir Sünder gnädig«, ist eine verkürzte Version unseres Beichtgebetes. Wir brauchen jeden Tag dieses demütigende Erlebnis, vor Gott gebrochen zu werden, damit wir erkennen, daß wir nicht perfekt sind und dazu neigen, auf bösen Wegen zu gehen. Was mich als Christ bestürzt hat, war die Tatsache, daß ich ständig neue Tiefen der Sünde in mir entdeckte, die ich zuvor noch nicht gesehen hatte.

Vor einigen Jahren, als Gail und ich die alte verlassene Farm in New Hampshire, die wir jetzt »Peace Ledge« (Friedensriff) nennen, kauften, entdeckten wir, daß die Stelle, wo wir unseren Landsitz bauen wollten, mit Fels und Geröll übersät war. Es bedeutete eine Menge harter Arbeit, das Gelände davon zu befreien, damit Gras und Pflanzen darauf gedeihen können. Die ganze Familie nahm die Säuberungsaktion in Angriff. Die erste Phase war noch leicht: die großen Felsstücke konnten relativ rasch entfernt werden. Danach jedoch sahen wir, daß noch viel Geröll übrig war, das auch noch entfernt werden mußte. Also säuberten wir das Gelände aufs neue. Als alles Geröll und Felsgestein entfernt war, bemerkten wir erst all die verbliebenen großen und kleinen Steine. Das war noch viel schlimmer und ermüdender. Aber wir meisterten die Situation, und es kam der Tag, an dem der Boden zur Aussaat fertig war.

Unser Innenleben ist diesem Feld sehr ähnlich. In der Anfangszeit meines Lebens mit Jesus zeigte er mir die gröbsten Verhaltensweisen und Herzenshaltungen, die wie große Felsbrocken bei mir entfernt werden mußten. Und mit den Jahren wurden bei mir viele dieser Felsblöcke tatsächlich entfernt. Als diese jedoch verschwanden, entdeckte ich neue negative Seiten in meinem Leben, die mir vorher verborgen geblieben waren. Aber Jesus sah sie und deckte mir eine nach der anderen auf. Wieder begann dieser Räumungsprozeß. Dann hatte ich den Punkt in meinem christlichen Leben erreicht, wo Jesus und ich mit Steinen und Kieselsteinen zu tun hatten. Ihre Zahl übersteigt die Vorstellungskraft, und soweit ich sehen kann, werde ich den Rest meines Erdenlebens mit dem Entfernen vieler Kieselsteine zu tun haben. In meiner täglichen Stillen Zeit wird dieser Reinigungsprozeß immer weiter fortgesetzt.

Aber eines muß ich von dieser Geschichte noch erzählen. Jeden Frühling in »Peace Ledge«, nachdem der letzte Frost vom Boden verschwunden ist, finden wir neue Steine und neues Geröll. Beides hatte sich unter der Erdoberfläche befunden und nach oben gearbeitet. Nacheinander tauchten die Steine auf, jeder zu seiner Zeit. Bei einigen von ihnen ist das Entfernen sehr frustrierend, denn von oben sehen sie so lange klein aus, bis man versucht, sie wegzubekommen. Erst dann entdeckt man, daß sie schwerer sind, als man es sich mit bloßem Auge vorstellte.

Mit meiner Sündhaftigkeit ist das ganz genauso. Sie besteht aus Felsbrocken, Kieselsteinen und Geröll, die nach und nach an die Oberfläche kommen. Und der Mensch, der die tägliche Erfahrung der Beichte oder der geistlichen Disziplin vernachlässigt, wird bald davon erdrückt werden. Ich verstehe, warum der Apostel Paulus sich im Alter selbst den »größten aller Sünder« nennt. Denn selbst als er im Gefängnis seinem Lebensende entgegensah, war er noch dabei, Steine und Geröll zu entfernen.

Ich muß immer über gerade zum Glauben gekommene Menschen schmunzeln, die mir erzählen, daß sie entmutigt sind, weil sie all die Sünde in ihrem Leben erkennen. Die Tatsache, daß diese Sünde sie anwidert, zeigt, daß sie tatsächlich wachsen. Es gibt zu viele Menschen, die behaupten, sie folgen Christus nach, und die schon vor Jahren die Sicht für ihre eigene Sündhaftigkeit verloren haben. Wenn sie am Sonntagsgottesdienst teilnehmen, gehen sie wieder, ohne die Erfahrung des Gebrochenseins und des Bekennens vor Gott — was wahre Anbetung kennzeichnet — gemacht zu haben. Das führt zu einem Christsein unter Niveau.

E. Stanley Jones beschreibt, welchen hohen Stellenwert die Beichte in unseren geistlichen Disziplinen einnimmt:

> »Ich weiß, daß es gewisse geistige, emotionelle, moralische und geistliche Haltungen gibt, die gegen die Gesundheit arbeiten: Ärger, Groll, Furcht, Sorge, das Verlangen, zu dominieren, Voreingenommenheit, Schuldgefühle, sexuelle Unreinheit, Eifersucht, fehlende Kreativität, Minderwertigkeitskomplexe, ein Mangel an Liebe. Dies sind die zwölf Apostel der schlechten Gesundheit. *Ich habe gelernt, diese Dinge sofort im Gebet Jesus Christus auszuliefern, sobald sie auftauchen.* Einmal fragte ich Dr. Kagawa: ›Was ist Gebet?‹ Und er antwortete mir: ›Gebet ist Selbstaufgabe.‹ Das ist genau meine Meinung. Gebet bedeutet zuerst Selbstaufgabe, und zwar hundertprozentig und Tag für Tag. Wir müssen Jesus alles geben, was wir wissen, und auch all das, was wir noch nicht wissen. ›All das, was wir noch nicht wissen‹ betrifft die nahe Zukunft und noch auftauchende Probleme. Wenn also im Gebet eines dieser zwölf Dinge auftaucht — und sie werden auftauchen, denn es gibt niemanden, der auch nur von einem dieser Dinge frei wäre —, habe ich gelernt, mit ihnen umzugehen. Denn ich darf sie nicht bekämpfen, sondern muß sie Jesus ausliefern und sagen: ›Hier, Herr, nimm du es!‹ «[7]

Der Dienst der Fürbitte

Die großen Krieger des Gebets sind sich alle darüber einig, daß sie erst dann Fürbitte leisten können, wenn sie den Herrn genügend angebetet haben. Wenn wir uns selbst mit dem lebendigen Gott in Verbindung gesetzt haben, sind wir vorbereitet, mit dem zu beten, was Thomas Kelly »himmlische Augen« nannte.

Der alte Brengle war ein Mann des Gebets. Sein Biograph schreibt:

»Was das Gebet anbelangte, war er eine Leuchte in der Gemeinschaft mit Gott. Normalerweise — außer wenn er zu krank war — stellte er seinen Wecker auf vier oder fünf Uhr morgens, um mindestens eine volle Stunde vor dem Frühstück Gemeinschaft mit seinem Herrn zu haben. Dr. Hayes, der das Buch ›The Heights of Christian Devotion‹ (Die Höhepunkte christlicher Hingabe) verfaßt hat, schreibt folgende Widmung: ›Für Samuel Logan Brengle, einen Mann des Gebets.‹ Und wir können ahnen, was dahinter steht:
›Als Brengle Gast in meinem Hause war, fand ich ihn oft auf seinen Knien, die Bibel aufgeschlagen vor ihm auf dem Bett oder einem Stuhl liegend. Er sagte, diese Haltung helfe ihm bei der Bibellese, all das Gelesene sofort in eine Bitte umzuwandeln, ›O Herr, hilf mir, dies und das zu tun oder dies und das zu lassen. Hilf mir, so zu sein, wie dieser Mann, oder hilf mir, diesen oder jenen Fehler zu vermeiden.‹« [8]

Nach der Anbetungszeit kann man dann mit der Fürbitte beginnen. Fürbitte bedeutet, anstelle eines anderen zu beten. Meiner Meinung nach ist Fürbitte der größte Dienst, den ein Christ ausüben darf, vielleicht aber auch der schwierigste.

Haben Sie jemals bemerkt, daß die treuesten Fürbitter meist ältere Leute sind? Warum? Ein Grund könnte sein, daß sie die Vielfalt ihrer Aktivitäten reduzieren müssen. Es kann aber auch sein, daß ältere Menschen entdecken, daß Fürbitte viel effektiver ist als viele Stunden der Aktivität ohne Gebet. Und selbstverständlich haben viele Versuche und Fehlschläge sie die Weisheit gelehrt, daß sie sich auf die zuverlässige Kraft Gottes verlassen können.

In den vergangenen Jahren habe ich versucht, den Dienst der Fürbitte immer mehr anstelle des Dienstes für andere zu setzen. Dieser Prozeß geht langsam voran, und vielleicht ist es die größte Herausforderung an meine Verborgene Welt.

Je größer die geistliche Autorität und Verantwortung eines Menschen ist, desto wichtiger ist es, daß er Fürbittekapazitäten entwickelt. Das braucht Zeit. Und es braucht die Disziplin, mit der sich so viele von uns schwertun.

Ich glaube, genau an diesen Punkt kamen die Apostel, die Leiter der frühen Gemeinde in Jerusalem in Apostelgeschichte 6 (4), als sie nach Helfern suchten, um diakonische Aufgaben bewältigen zu können, zum Beispiel den Witwen und Waisen zu dienen: »Wir aber wollen ganz beim Gebet und beim Dienst des Wortes bleiben.« Es ist bemerkenswert, was bei diesen so beschäftigten Männern an erster Stelle stand. Sie begannen das Gebet zu vermissen, und diese Situation machte sie unruhig.

Fürbitte bedeutet im eigentlichen Sinn des Wortes, zwischen zwei Parteien zu stehen und dem einen den Fall des anderen vorzutragen. Gibt es ein größeres Beispiel für Fürbitte als die großartige Gebetsarbeit des Mose, der sich ständig dem mühevollen Gebet hingab, um für das widerspenstige Volk Israel zu bitten?

Für wen leisten wir denn normalerweise Fürbitte? Wenn wir verheiratet sind: natürlich für unseren Ehepartner und unsere Kinder. Aber man muß seinen Fürbittekreis auch ausdehnen, nahe Freunde hineinnehmen, diejenigen, für die Gott uns eine Verantwortung gegeben hat, die Männer und Frauen, mit denen wir zusammenarbeiten oder die unsere Gemeindekreise besuchen, sowie unsere Nachbarn, deren persönliche Nöte wir kennen.

Meine Fürbitteliste enthält die Namen vieler christlicher Leiter und Organisationen. Es gibt viele Menschen, die ich kenne und schätze. Aber ich muß bekennen, daß ich für sie nicht mehr als eine gelegentliche Gebetslast habe. Dagegen gibt es einige, deren Nöte und Sorgen mir sehr nahe sind, und ich bringe sie in meiner täglichen Fürbittezeit vor den Herrn. Für sie ist es eine enorme Ermutigung, mich sagen zu hören: »Ich bete jeden Tag für dich.« Da ich selbst als christlicher Leiter in der Verantwortung stehe, habe ich erfahren, wie hilfreich für mich das Wissen ist, daß es eine Handvoll Menschen gibt, die mich jeden Tag in der Fürbitte tragen und vor den Thron Gottes bringen.

Fürbitte bedeutet, daß wir unbedingt für die Weltevangelisation beten müssen; um systematisch rund um den Globus zu beten, habe ich die Kontinente so aufgeteilt, daß ich jeden Tag für einen von ihnen beten kann: sonntags für Lateinamerika, montags für Zentralamerika, dienstags für Nordamerika, mittwochs für Europa, donnerstags für Afrika, freitags für Asien und samstags für die Nationen im Pazifik. In jedem dieser Fürbittegebete kommt natürlich die jeweilige Landeskirche vor, die Missionare, die mir vertraut sind, und das schreckliche Leiden, dem bestimmte Menschen ausgesetzt sind.

Wir sollten natürlich auch unsere eigenen Bitten und Gebete vor den Herrn bringen. Ich denke, daß diese Gebete als letzter Punkt in unserer Gebetszeit vorkommen sollten. Aber das ist nur meine persönliche Meinung. Hier bitte ich am besten Gott um Weisheit und Unterstützung. Mir fiel es schwer, herauszufinden: Wieviel darf ich von Gott erbitten (manche sagen: alles!)? Wo erwartet Gott von mir, selbst damit fertig zu werden? Ich weiß darauf keine guten Antworten. Je mehr ich in meinem Glauben wachse, desto mehr entdecke ich, wie es mich mehr und mehr drängt, immer weniger für mich selbst zu bitten und immer mehr für andere. Meine persönlichen Anliegen werden immer mehr zu Quellen und Möglichkeiten, die anderen zugute kommen.

Der Garten unserer Verborgenen Welt kann nicht auf Dauer unkultiviert bleiben, sonst wächst dort Unkraut, was weder für den Herrn, der darin wohnt, noch für uns sehr einladend wirkt. Wird der Garten lange vernachlässigt, entsteht schnell ein Abfallplatz. Dann müssen wir uns wieder auf die Kraftquellen und die Richtungsweisung von außen verlassen, um uns überhaupt fortbewegen zu können.

Deshalb war Howard Rutledge in seinem Gefangenenlager in Nordvietnam diesem Kampf ausgesetzt. Durch Gottes Gnade, bestätigt er, konnte er es durchstehen. Aber er vergaß niemals, was es bedeutet, solch eine Feuerprobe durchzustehen, wenn die Verborgene Welt des Geistes völlig unkultiviert gelassen wurde.

Eine berühmte christliche Persönlichkeit unseres Jahrhunderts, Eric Liddell, der olympische Meisterläufer und Held des Filmes *»Die Stunde des Siegers«*, machte während des Zweiten Weltkrieges eine bedeutende und ganz andere Erfahrung in einem Gefängnis in Nordchina. Sein Biograph spricht davon, welch hohes Ansehen Liddell in dem Weinsen-Lager genoß. Was war das Geheimnis seiner außergewöhnlichen Leistungskraft, seiner Freude, seiner Integrität unter solch harten Bedingungen? Der Biograph zitiert eine Frau, die sich zur selben Zeit mit ihrem Mann in dem Lager befand und Liddell gut kannte:

> »Was war sein Geheimnis? Einmal fragte ich ihn danach, aber eigentlich wußte ich es bereits, denn mein Mann und er waren in einem Schlafraum, und er teilte Liddells Geheimnis. Jeden Morgen um ca. sechs Uhr zog er die Vorhänge fest zu, so daß kein Lichtstrahl ihres winzigen Öllämpchens nach außen dringen konnte. Die Wachposten sollten nicht denken, daß jemand einen Fluchtversuch unternimmt. Dann verließ er wie gewöhnlich sein Hochbett und schlich an den schlafenden Zimmergenossen vorbei. Beide Männer hockten sich an den kleinen chinesischen Tisch und hatten gerade ausreichend Licht, um ihre Bibeln und Notizbücher einsehen zu können. Still lasen sie, beteten und machten sich Gedanken, was zu tun sei. *Eric war ein Mann des Gebets — und das nicht nur zu festgesetzten Zeiten* — obwohl er nur ungern eine Gebetsversammlung oder einen Gottesdienst ausließ, wenn einer anberaumt werden konnte. *Er sprach jederzeit mit Gott, ganz natürlich, wie wenn jemand die* ›Gebetsschule‹ besucht, um so innere Disziplin zu erlernen. Er schien keine gravierenden geistlichen Probleme zu haben, sein Leben war auf Gott gegründet, auf Glauben und Vertrauen.«[9]

Ordnung in unsere Verborgene Welt zu bringen, bedeutet, den Garten zu kultivieren, wie Liddell es tat. Auf diese Weise lernen wir, um es mit dem

Verfasser der Sprüche zu sagen (Spr. 4,23): »Behüte dein Herz mit allem Fleiß, denn daraus quillt das Leben.«

Durch einen Schlaganfall ans Bett gefesselt, der ihm die Stimme geraubt und seine Schreibhand gelähmt hatte, fragte sich der 80jährige E. Stanley Jones: »Kann ich mit dieser Krise umgehen?« Seine Antwort: »Natürlich.« Die inneren Seile sind die festesten. Ich brauche keine äußeren Requisiten, um meinen Glauben aufrechtzuerhalten.«

TEIL V

MOTIVATION
ZEIT-
EINTEILUNG
WIEDER-
HERSTELLUNG
WEISHEIT UND
ERKENNTNIS
GEISTLICHE
STÄRKE

Anmerkung für Desorganisierte:

Wenn meine Verborgene Welt in Ordnung ist, dann deshalb, weil ich in der Hetze und der Routine meines täglichen Lebens dem Sabbatfrieden Platz einräume, um die Ruhe zu finden, die Gott sich selbst und der ganzen Menschheit verordnet hat.

Kapitel 14

Ausruhen: mehr als Freizeit

William Wilberforce, ein hingegebener Christ, war Mitglied des englischen Parlaments Anfang des 19. Jahrhunderts. Als Politiker wurde er berühmt durch sein großes Durchsetzungsvermögen, mit dem er das Parlament davon überzeugte, Sklaverei im britischen Imperium abzuschaffen. Das war keine geringe Leistung — im Gegenteil. Es war wohl eine der bedeutendsten und mutigsten Taten, die je ein Staatsmann in der Geschichte der Demokratie vollbracht hat.

Wilberforce brauchte beinahe 20 Jahre, um jene Koalition der Gesetzgeber zustande zu bringen, die schließlich das Anti-Sklaverei-Gesetz herausgab. Dazu benötigte er genaue Beschreibungen von den Ungerechtigkeiten und den grausamen Taten in der Sklaverei. Er mußte Gesetzgeber überreden, die nicht die Interessen des großen Geschäftes schädigen wollten, und er mußte sich gegen viele politische Feinde behaupten, die Wilberforce gerne hätten stürzen sehen.

Wilberforces geistliche Kraft und sein moralischer Mut müssen groß gewesen sein. Eine Begebenheit von 1801, einige Jahre bevor das Anti-Sklaverei-Gesetz herausgegeben wurde, zeigt uns die Quelle, aus der diese Kraft und dieser Mut kamen.

Lord Addington hatte seine Partei an die Macht gebracht und als Premierminister begonnen, ein neues Kabinett zu bilden. In diesen Tagen kämpfte man in England um den Frieden. Napoleon terrorisierte Europa, und man machte sich viel Gedanken darum, ob England sich am Krieg beteiligen müsse oder nicht. Wilberforce, so lauteten die Gerüchte, sei einer der Kandidaten für einen Kabinettsposten, und er war selbst um seiner Friedenspolitik willen sehr bestrebt, ernannt zu werden. Garth Lean, einer von Wilberforces neueren Biographen, erzählt die Geschichte:

> »Schon nach kurzer Zeit war Wilberforce beunruhigt über die Möglichkeit, ernannt zu werden. Tagelang wälzte er diese Gedanken in seinem Gewissen und dachte über nichts anderes nach. Er gab selbst zu, daß Ehrgeiz in ihm hochkam, und das legte seine Seele völlig lahm.«[1]

Wilberforce führte ein diszipliniertes und ausgeglichenes Leben, und in dieser besonderen Situation wurde diese Routine für ihn unerläßlich. Wie Lean sagt: »Der Sonntag brachte ihm Heilung.« Jede Woche war das in Wilberforces Verborgener Welt der feste Tag, an dem er *ausruhte*.

Die Zeitung »Der christliche Politiker« erzählt die Geschichte am besten. In ihrem Bericht am Ende jener Woche voller Wirren und Versuchungen, den Posten mit allen politischen Mitteln zu erkämpfen, notiert sie: »Gott sei gepriesen über dem Tag der Ruhe und der geistlichen Beschäftigung, *an dem die Dinge des Erdenlebens auf ihre wahre Größe reduziert werden. Ehrgeiz schrumpft in solchen Situationen.*«

Wilberforce grenzte das Leben ein und brachte es durch den Sabbat ins Gleichgewicht. Er hatte begriffen, was es heißt, wirklich auszuruhen. Wilberforce hatte entdeckt, daß der Mann, der sich am Sabbat regelmäßig Zeit zum Ausruhen nimmt, sein ganzes Leben leichter aus dem richtigen Blickwinkel betrachtet und von Ausgebranntsein und Zusammenbruch verschont bleibt.

Nicht jedermann um Wilberforce herum lebte nach diesem Geheimnis. Arbeitssucht und krampfhafte Geschäftigkeit waren auch damals an der Tagesordnung. So schrieb Wilberforce beispielsweise über William Pitt: »Armer Kerl! Nie schult er sein Denken darin, *politische Grübeleien zu unterbrechen,* die einen mehr als alles andere blind, gefühllos und bitter werden lassen.« Über zwei andere Politiker, die sich beide das Leben genommen hatten, schrieb Wilberforce: »Wenn sie friedliche Sonntage verbracht hätten, dann wären die Seile niemals überdehnt worden und deshalb nicht gerissen.«

In Ihrer Verborgenen Welt kann nur wenig Ordnung herrschen, wenn Sie nicht die Bedeutung und die Verwirklichung echter Ruhe kennenlernen — *eine Unterbrechung,* wie Wilberforce es nennt, in der Routine unserer heutigen Zeit. Seit Beginn der Menschheit ist dies ein allgemein anerkannter Grundsatz gesunden Lebens. Bedauerlicherweise wird dieses Prinzip von denen gravierend mißverstanden, deren Leben auf Ruhm und Geld ausgerichtet ist.

Wir brauchen Ruhe

Ich habe das Gefühl, daß wir eine müde Generation sind. Wie weit verbreitet diese Müdigkeit ist, zeigt sich in einer Menge von Artikeln über Gesundheitsprobleme, die mit Überarbeitung und Übermüdung zu tun haben. Arbeitssucht ist ein modernes Wort. Egal, wieviel wir in unserer Welt des Wettbewerbs zu arbeiten bereit sind, immer scheint es irgend jemanden zu geben, der bereit ist, noch mehr Stunden zu arbeiten, als wir es tun.

Merkwürdig an dieser allgemeinen Müdigkeit in unserem Volk ist die Tatsache, daß wir eine so freizeitorientierte Gesellschaft sind; wir haben ja tatsächlich die sogenannte Freizeitindustrie, und sie ist in unserer Wirtschaft eine der gewinnträchtigsten. Ganze Unternehmen, Organisationen und Einzelhandelsketten befassen sich einzig und allein damit, Waren zu liefern, die für Spiel und Spaß bestimmt sind.

Wir haben vermutlich mehr Freizeit als je zuvor. Die 5-Tage-Woche ist immerhin eine relativ neue Erfindung in der Geschichte. Wir haben uns vom Bauernhof weg entwickelt, auf dem es immer noch etwas zu tun gab. Wenn wir wollen, können wir die Arbeit hinter uns lassen und uns der Freizeit widmen. Woher kommt dann die ganze Erschöpfung und Ermüdung heutzutage? Ist sie Wirklichkeit? Bilden wir sie uns nur ein? Oder ist die heutige Form der Erschöpfung ein Beweis dafür, daß wir echte Ruhe nicht mehr zu schätzen wissen, die ja doch etwas anderes als Freizeit bedeutet?

Es gibt eine biblische Sicht für Ruhe, die wir entdecken und untersuchen müssen. In der Tat stellt die Bibel Gott selbst als den ersten »Ruhenden« vor. »Am siebten Tag ruhte er ...« Noch aufschlußreicher für uns sagt Mose in 2. Mose 31,17: »Denn in sechs Tagen machte der Herr Himmel und Erde, aber am siebten Tage ruhte er und erquickte sich.«

Braucht Gott wirklich Ruhe? Selbstverständlich nicht! Aber: wollte Gott die Ruhe? Ja. Warum? Weil Gott seine Schöpfung einem Rhythmus von Ruhe und Arbeit unterwarf, den er dadurch offenbarte, daß er selbst diesen Rhythmus einhielt, sozusagen als Vorreiter für jeden, der ihm nachfolgte. Auf diese Art und Weise zeigte er uns einen Schlüssel zur Ordnung in unserer Verborgenen Welt.

Diese Ruhe sollte kein Luxus sein, sondern eher eine *Notwendigkeit* für diejenigen, die Wachstum und Reife erlangen wollen. Da wir nicht verstanden haben, daß Ruhen eine Notwendigkeit ist, haben wir ihre Bedeutung verfälscht und für die Ruhe, die Gott uns zuerst vorlebte, Dinge eingesetzt, die mit Freizeit und Unterhaltung bezeichnet werden. Derartige Dinge bringen natürlich keinesfalls Ordnung in die Verborgene Welt. Freizeit und Unterhaltung können Spaß machen; aber auf die Verborgene Welt des einzelnen wirken sie wie Zuckerwatte auf das Verdauungssystem. Das bringt zwar momentane Sättigung, die aber nicht von Dauer ist.

Ich bin keineswegs ablehnend gegenüber Spaß, Zeitvertreib, Gelächter oder Entspannung. Ich sage nur, daß das allein die Seele nicht wieder zu Kräften bringt, so wie wir es uns ersehnen. Obwohl sie im Moment dem Körper Ruhe verschaffen, werden sie nicht die notwendige tiefe Ruhe in die Verborgene Welt bringen.

Vor Jahren gab es eine bekannte Werbekampagne für ein Einreibemittel. Sie versprach, daß das Produkt tief in schmerzende Muskel eindringen könne und die Schmerzen lindere. Die Sonntagsruhe dringt bis in die tiefsten Tiefen der Ermüdung in der Verborgenen Welt vor. Diese Ermüdung wird nur selten durch irgendeine der modernen Zerstreuungen berührt.

Die Bedeutung der Sonntagsruhe

Der Kreis schließt sich.
Als Gott ruhte, sah er seine Arbeit an und freute sich daran, welch fertigen, kompletten Eindruck sie machte. Er dachte dann über ihre Bedeutung nach: »Und Gott sah, daß es gut war.« Das zeigt uns das erste der drei Prinzipien echter Ruhe. Gott gab seiner Arbeit eine Bedeutung und erkannte die Fertigstellung an. Indem er dies tat, lehrte er uns, daß wir unsere Routine schätzen und ihr Beachtung schenken müssen.

Die Planer hochentwickelter technischer Systeme benutzen gerne den Satz »*Der Kreis schließt sich*«, um zu beschreiben, daß eine Phase eines elektrischen Kreislaufs beendet ist. Sie benutzen diesen Begriff ebenfalls, wenn sie ausdrücken wollen, daß eine Arbeit abgeschlossen oder daß jedermann in einem Projekt informiert und zu Rate gezogen worden ist.

So könnte man sagen, daß Gott am siebten Tag den Kreis seiner ersten schöpferischen Aktivität schloß. Er schloß ihn, indem er ruhte und auf das zurückblickte, was er vollendet hatte.

Diese Ruhe ist demnach in erster Linie eine Zeit des Rückblicks, des »Kreisschließens«. Wir betrachten unsere Arbeit und stellen Fragen wie: »Was bedeutet meine Arbeit?« »Für wen arbeite ich überhaupt?« »Wie gut ist die Arbeit gemacht?« »Warum habe ich das getan?« »Welche Resultate habe ich erwartet, und was habe ich davon bekommen?«

Um es anders auszudrücken: Die von Gott eingesetzte Ruhe wurde zuerst und vor allem dazu bestimmt, damit wir unsere Arbeit *interpretieren, die Bedeutung herauslesen und sicherstellen, daß wir genau wissen, zu wessen Ehre wir sie tun.*

Brother Lawrence war Koch in einem Kloster. Er lernte, buchstäblich jeder Handlung seines Tages eine Bedeutung beizumessen. Er hatte die Fähigkeit, seiner Arbeit nicht nur Sinn, sondern auch ein Ziel zu geben:

> »Ich wende das kleine Omelett in meiner Pfanne um Gottes Liebe willen. Wenn es fertig ist und ich nichts zu tun habe, dann strecke ich mich auf dem Boden aus und bete meinen Gott an, der mir die Gnade gegeben hat, es zuzubereiten. Danach stehe ich fröhlicher als ein König wieder auf. Wenn ich nichts anderes zu tun habe, genügt es mir, einen Strohhalm um der Liebe Gottes willen aufzuheben. Die Leute halten immer Ausschau danach, wie sie Gott allein lieben können. Sie hoffen, das durch wer weiß wie viele religiöse Übungen zu erlangen. Sie

machen sich viel Mühe und Umstände, um auf die verschiedenste Art und Weise in seiner Gegenwart zu bleiben. Ist es nicht eine kürzere und direktere Art, alles um der Liebe Gottes willen zu tun? Alle Aufgaben in unserem Leben zu benutzen, um ihm diese Liebe zu zeigen und seine Gegenwart durch die Gemeinschaft unseres Herzens mit dem seinen aufrechtzuerhalten? Daran ist doch nichts schwierig. Man muß sich dem nur ehrlich und einfach stellen!«[2]

Ich bin sicher, daß sich die meisten von uns nach solchen Zeiten sehnen. Der durchschnittliche Arbeiter hat ein verzweifeltes Verlangen nach der Anerkennung seiner Arbeit. Sie muß Bedeutung haben und geschätzt werden. Aber während wir uns nach dieser Bestätigung sehnen, sehen wir nicht, daß es wichtig ist, uns Zeit zu nehmen, um sie zu erlangen. Eine Geschäftigkeit, eine krampfhafte Eile setzt ein, und wir schieben unsere Suche nach Bedeutung und Einordnung auf. Schließlich lernen wir ohne sie auszukommen, und wir verlieren die Frage aus den Augen: Wofür das alles? Wir geben uns damit zufrieden, daß sich der Bedeutungswert unserer Arbeit einfach in der Höhe unseres Verdienstes ausdrückt. Nur wenige Menschen erkennen, wie trocken und öde unsere Verborgene Welt dabei bleibt.

Ein sehr lieber Freund wurde neulich von seiner Firma nach 22 Dienstjahren entlassen. Die Wirtschaftslage hatte die Firma zu Rationalisierungsmaßnahmen gezwungen, und seine Arbeit war für das Überleben der Firma als unwichtig eingestuft worden. Er war vor die Tür gesetzt worden!

Mein Freund war davon überzeugt, daß er von einer anderen Firma in demselben Arbeitsbereich binnen kurzem angestellt werden würde. Er erzählte mir, er habe zahlreiche Beziehungen, gute Zeugnisse und eine lange Dienstzeit hinter sich. Er mache sich keine Sorgen.

Dann vergingen jedoch einige Monate, bis er Angebote erhielt. Seine »Beziehungen« trockneten aus. Niemand antwortete auf seine Stellengesuche. Er mußte zu Hause sitzen und auf das Klingeln des Telefons warten.

Eines Tages, nach vielen qualvollen Monaten, sagte er zu mir: »Diese ganze Angelegenheit hat mich dazu gezwungen, mir viele, viele Gedanken zu machen. Ich habe mich jahrelang meiner Karriere hingegeben, und was hat es mir gebracht? Wozu eigentlich das Ganze? Nun sind mir endlich die Augen geöffnet worden!«

Geöffnet wofür? Mein Freund ist ein guter christlicher Laie. Aber er hatte es zugelassen, daß seine Augen dem verschlossen blieben, was ihm seine Karriere bedeuten sollte. Was seine Augen geöffnet hatte, war die Tatsache, daß er jahrelang gearbeitet hatte, ohne überhaupt zu fragen, wofür, warum und was das Ergebnis sein würde. Er hatte niemals die

Übung des Nachdenkens im Zusammenhang mit biblischer Ruhe entdeckt.

Ein ruhe-loser Arbeitsstil macht den Arbeiter selbst ruhelos. Wenn man Monate um Monate arbeitet, ohne eine echte Pause zu haben, um sich über Bedeutung und Sinn der Arbeit klarzuwerden, kann zwar das Bankkonto anschwellen und der Ruf in der Firma wachsen, aber der Verborgenen Welt wird Lebendigkeit und Freude genommen. Wie wichtig ist es, regelmäßig den Kreis unserer Arbeit zu schließen!

Rückkehr zu den ewigen Wahrheiten

Es gibt noch eine zweite Art, wie biblische Ruhe Ordnung in die Verborgene Welt bringt. Wirkliche Ruhe entsteht dann, wenn wir regelmäßig mitten in unserer täglichen Routine innehalten, um uns die Wahrheiten und Ziele, durch die wir leben, wieder einmal vor Augen zu führen.

Täglich sind wir Opfer eines Nachrichtenhagels, der an unsere Treue und unsere Mühe appelliert. Wir werden in tausend verschiedene Richtungen getrieben und gezerrt, sollen Entscheidungen fällen und Werte bestimmen, unsere Kraftquellen und unsere Zeit investieren. Welches Maß an Wahrheit nehmen wir in diese Entscheidungen hinein?

Gott wollte, daß sein Volk sich einen Tag pro Woche intensiv mit dieser Frage beschäftigt. Gott bestimmte eine Reihe alljährlicher Festtage, an denen die hauptsächlichen Themen ewiger Wahrheit und göttlicher Handlungsweise in die Erinnerung gerufen und gefeiert werden sollten. Man könnte es ein Nacheichen oder Austarieren des Geistes nennen.

Es ist notwendig, die für unser Leben zentralen Wahrheiten herauszufinden, besonders, wenn wir uns an Jeremias Ausspruch erinnern, daß das Herz trügerisch sei. Wir sind immer für Wahrheitsverdrehungen empfänglich und lassen uns überreden, daß das Wahre in Wirklichkeit falsch und das Falsche in Wirklichkeit Wahrheit sei. Erinnern wir uns an die Worte des Liedes von Robert Robinson, eines Komponisten geistlicher Lieder:

> »Anfällig bin ich, Herr, irrezulaufen, ich fühle es;
> Anfällig bin ich, den Gott zu verlassen, den ich liebe . . .«

Das Lied läßt uns über den unausrottbaren inneren Trieb nachdenken, den wir regelmäßig kontrollieren müssen, indem wir unsere Gedanken und Werte an den ewigen Wahrheiten messen, die uns durch die Schrift und die mächtigen Taten Gottes offenbart wurden.

Der jüdische Theologe Abraham Josua Heschel schrieb über die Ruhe in der Sabbattradition:

> »Die Bedeutung des Sabbats ist, daß man eher Zeit als Raum feiern soll. Sechs Tage in der Woche leben wir in der Tyrannei

> der Dinge des Raumes. Am Sabbat versuchen wir, uns mit der Heiligkeit der Zeit in Einklang bringen zu lassen. Es ist ein Tag, an dem wir dazu aufgerufen sind, das einander mitzuteilen, was in der Zeit ewig ist, uns von den Resultaten der Schöpfung abzuwenden und uns ihrem Geheimnis zuzuwenden. Von der Welt der Schöpfung zu der Schöpfung der Welt.«[3]

Wir müssen uns fragen: Passiert das in meiner eigenen Verborgenen Welt?

Die Verschalungsbretter unseres Hauses in New Hampshire verändern ihre Länge je nach Witterung. Entweder dehnen sie sich aus oder sie ziehen sich zusammen. Daher werden von Zeit zu Zeit einige Nägel locker, die ich wieder einschlagen muß, damit sie gut halten. Solch ein »Festklopfen« passiert während einer echten Ruhepause, sei es in der Zurückgezogenheit eines ruhigen Tages oder mitten in einer Versammlung, während wir den lebendigen Gott anbeten.

Wenn wir das traditionelle Glaubensbekenntnis der christlichen Kirche rezitieren, bietet sich — Gott sei Dank! — die Gelegenheit, die zentralen Wahrheiten der Offenbarung Gottes erneut zu bestätigen. Indem wir sagen: »Ich glaube . . .«, hämmern wir die Nägel unserer Überzeugung und unserer Hingabe wieder ein, und wir trennen diesen Glauben von dem, was wir nicht glauben wollen.

Dasselbe geschieht, wenn wir berühmte alte Hymnen singen und gewisse Gebete sprechen. So werden die Nägel wieder festgeklopft, die Ordnung wiederhergestellt und die abgelenkten Gedanken unserer Verborgenen Welt wieder auf die richtige Bahn gebracht. Solche Bestätigungen finden wir an einem Ruhetag, wenn wir uns Zeit für uns nehmen, um zu lesen, zu meditieren und zu überlegen.

Meine Frau hat mir einen Auszug ihres Tagebuches zu diesem Thema vorgelesen:

> »Ein herrlicher Tag Gottes. Ich habe etwas über den Sabbat gelesen. Ich fühle immer stärker, daß ich nicht vollständig Gottes Gebot der Ruhe genutzt habe.
>
> Es ist kein einengendes Gesetz, sondern ein befreiendes, denn er schuf mich so, daß ich Ruhe brauche. Wir können körperlich und geistig viel bessere Arbeit leisten, wenn wir seinem ursprünglichen Plan gemäß leben. Es ist ein Tag, an dem wir uns erinnern sollen, wer Gott ist. Jeden siebten Tag muß ich zu diesem festen Zentrum zurückkehren.
>
> Don Stephenson bemerkte heute, daß für ihn und andere der Sonntag ein Tag ist, an dem wir zur Ermutigung ans Ufer zurückkehren dürfen, um uns dann mit neuer Zuversicht wieder in die Niederungen des Alltags begeben zu können.«

Ich schlage vor, daß wir folgende Fragen beantworten, und zwar persönlich für uns, aber auch als Gemeinde: Bekommen wir diese Art Ruhe, die die Wahrheit bestätigt, oder bekommen wir sie nicht? Christen und ihre Gemeinden können vor lauter »Programm-Macherei« so geschäftig umherlaufen — aus welcher guten Absicht heraus auch immer —, daß diese für unsere Verborgene Welt so wichtige Ruhe in der Anbetung niemals zustande kommt.

So ist die Ruhe nicht nur ein Zurückblicken auf die Bedeutung meiner Arbeit und auf die Schritte, die ich zuletzt in meinem Leben gegangen bin, sondern sie frischt auch meinen Glauben und meine Hingabe zu Jesus auf. Sie ist die Feinabstimmung meiner Navigationsinstrumente, damit ich meinen Weg in der Welt für eine weitere Woche gehen kann.

Definition unseres Auftrags

Die beiden ersten Bedeutungsinhalte konzentrieren sich darauf, was in der Vergangenheit und in der Gegenwart geschah, dieser konzentriert sich nun auf die Zukunft. Wenn wir im biblischen Sinn Ruhepausen einlegen, bestätigen wir unsere Absichten, ein christuszentriertes »Morgen« zu leben. Wir sinnen darüber nach, was wir in der kommenden Zeit — Woche, Monat oder Jahr — vorhaben. Wir definieren unsere Vorhaben und geben uns dem hin.

General George Patton verlangte, daß seine Männer ihren jeweiligen Auftrag genau zu formulieren wußten. »Was ist Ihr Auftrag?« fragte er regelmäßig. Die Definition des Auftrags war die wichtigste Information, die ein Soldat mit in den Krieg nehmen konnte. Aus diesem Bewußtsein heraus konnte er Entscheidungen fällen und den Plan erfüllen. Genau das geschieht, wenn wir die biblische Ruhe einhalten: Ich sehe mir meinen Auftrag genau an. Das hat mich gelehrt, sogar in meiner geistlichen Disziplin jeden Morgen eine kleine Pause einzulegen, um mir die Frage zu stellen: Was ist heute mein Auftrag? Wenn ich mir diese Frage nicht regelmäßig stelle, dann bleibe ich offen für Fehlentscheidungen und Irrwege.

Jesus zog sich häufig zurück, um die Einsamkeit zu suchen. Während die anderen in den Schlaf eingelullt waren, zog es Jesus zu der Ruhe, aus der man Kraft und Richtungsweisung für die nächste Phase des Auftrags gewinnen kann. Kein Wunder, daß er bei jeder Begegnung einen Strom neuer Weisheit parat hatte. Kein Wunder, daß er genügend Mut hatte, um nicht zurückzuschlagen, sich nicht selbst zu verteidigen. Sein Geist war immer ausgeruht und seine Verborgene Welt geordnet. Ohne diese Art von Ruhe wird unsere Verborgene Welt immer in Spannung und Unordnung bleiben.

Entscheide dich dazu, Ruhe zu halten

Charles Simeon von der Holy Trinity Church in Cambridge war einer der bekannten Pfarrer der Church of England. Über 50 Jahre lang predigte er von seiner Kanzel, und die Kirche war immer total überfüllt. Die Menschen standen sogar in den Gängen, um ihn zu hören.

Simeon war ein Absolvent des King's College und hatte Zimmer bewohnt, die auf den Hof des Universitätskomplexes hinausgehen. Von seinen Räumen im zweiten Stockwerk führte eine Tür zum Dach, auf dem er oft spazierenging — für ihn eine körperliche Form der Ruhe —, während er mit Gott sprach. Das Dach wurde als »Simeons-Weg« bekannt.

Als beschäftigter und brillanter Mann hatte Simeon viel Kontakt zu Menschen der Cambridge-Universität, zu seiner großen Gemeinde und zu den Kirchen und missionarischen Leitern rund um die Welt. Er schrieb (in gewöhnlicher Schreibschrift) wirklich Tausende von Briefen, gab 50 Bücher seiner eigenen Gebete heraus und diente als einer der Gründer von mehreren bedeutenden missionarischen Organisationen. Dennoch fand er immer wieder Zeit für die Ruhe, die seine Verborgene Welt benötigte.

Als Beispiel seiner privaten Übungen soll eine Eintragung in seinem Tagebuch dienen, die Hugh Hopkins, einer von Simeons Biographen, zitiert:

> »Ich habe diesen Tag, wie immer in den letzten 43 Jahren, als einen Tag der Demütigung verbracht. Jedes Jahr brauche ich mehr und mehr solche Zeiten.«

Hopkins schreibt:

> »Für Charles Simeon bestand Demütigung nicht darin, die Gaben, die Gott ihm gegeben hatte, zu schmälern oder zuzugeben, daß er ein Mann war, der nichts zählte oder die Sünden übertrieb, denen er sich nur allzu bewußt war. Sondern er ging damit um, indem er sich gewissenhaft in die Gegenwart Gottes stellte, besinnlich auf seine Majestät und Ehre schaute, die Gnade seiner Vergebung und das Wunder seiner Liebe in Ehren hielt. Das waren die Dinge, die ihn demütig machten; nicht so sehr seine eigene Sündhaftigkeit, sondern Gottes unglaubliche Liebe.«[4]

Simeon war sein Leben lang unter enormer Belastung wirksam. Ich zweifle nicht daran, daß das Geheimnis seiner Wirkung zu einem erheblichen Teil darauf gegründet war, daß er besonnen und diszipliniert die Sabbatruhe befolgte.

Für die Juden war der Sabbat der bedeutendste Tag der Woche; ein Tag, der eine Sonderstellung hatte, um Gott zu gehorchen. Das Gesetz untersagte Arbeit jeglicher Art, und man durfte nur solchen Beschäftigungen nachkommen, die wir bereits gemeinsam durchgegangen sind. Christen haben nur eine geringe Ahnung davon, welch besonderer Tag der Sabbat für den frommen Juden war. Wir täten gut daran, zu hören und aufzunehmen, was sie darüber dachten. Eine israelische Touristenbroschüre erzählt uns, daß ein Rabbi über den Sabbat folgendes schrieb:

> »Mache dir den Sabbat zu einem einzigen Bauwerk der Erkenntnis und der Heiligung Gottes, und zwar sowohl mitten in deinem geschäftigen öffentlichen Leben als auch in der ruhigen Zurückgezogenheit deines Heims. Du sollst sechs Tage lang die Erde bebauen und über sie herrschen . . ., aber der siebte Tag ist der Sabbat des Herrn, deines Gottes . . ., mach dir deshalb klar, daß der Schöpfer des Gestern der lebendige Gott des Heute ist, daß er jeden Mann und jede menschliche Anstrengung überblickt, um zu sehen, wie der Mensch die ihm geliehene Welt und Kraft benutzt oder mißbraucht, und daß er der einzige Architekt ist, dem jedermann Rechenschaft über Mühen und Arbeiten seiner Woche ablegen muß.«

Hinter diesen Aussagen steht das einzigartige jüdische Sabbatverständnis. Mit der Routine muß innegehalten werden; die Arbeit muß unterbrochen werden. In einer frommen jüdischen Familie muß selbst die Haushälterin das Kochen oder niedere Arbeiten lassen. Das Essen wird vor Sabbatbeginn zubereitet, so daß sie diesen speziellen Ruhetag ebenfalls genießen kann. Das ist natürlich weit entfernt von dem unglaublich angefüllten und anstrengenden Tag, den so mancher gläubige Christ aus seinem »Ruhetag« macht.

Der Sabbat dauert den ganzen Tag. In unserer christlichen Tradition ist dieser Tag nicht der siebente wie bei den Juden, sondern wir haben den ersten Tag der Woche daraus gemacht, zur Erinnerung an die Auferstehung Christi. Doch was ist aus dieser Veränderung geworden, aus diesen 24 Stunden, die Gott uns als spezielle Gabe gegeben hat?

Ein Laie, mit dem ich jede Woche bete, sagte mir nach einem Sonntag mit besonders viel kirchlichen Aktivitäten: »Ich bin sehr froh, daß es nur einen Ruhetag pro Woche gibt; denn ich würde ja eingehen, wenn wir zwei derartige ›Ruhetage‹ in der Woche hätten.«

Hinter seiner spaßhaften Bemerkung steckte eine ernsthafte Anklage an viele christliche Leiter und Kirchen, die aus dem Sonntag einen Tag der Unruhe gemacht haben; für manche ist es vielleicht der Wochentag mit der größten Anspannung!

Aber Sabbat ist mehr als nur ein Tag. Es ist ein Prinzip der Ruhe, in dem alle drei Dimensionen, die ich bereits erwähnte, vorkommen; was würde geschehen, wenn wir diesen Sabbat zur Ruhe anstelle zum Ausleben weltlicher Freizeit nutzten?

Zunächst bedeutet Sabbat Anbetung, gemeinsam mit der christlichen Familie. In der wahren Anbetung werden wir zu den drei Übungen Gelegenheit haben, die uns Ruhe in der Verborgenen Welt schenken: nämlich hinter uns — hinauf — und vorauszuschauen. Eine derartige Anbetung ist für denjenigen, der Gott hingegeben ist, unerläßlich.

Mich bewegen die Worte des Lukas, der die Sabbatdisziplin Jesu beschreibt: »Und er kam *nach Nazareth, wo er aufgewachsen war, und ging nach seiner Gewohnheit am Sabbat in die Synagoge* . . .« (Lk. 4,16). Man sieht: Jesus vernachlässigte niemals die öffentliche Anbetung des Vaters.

Zweitens bedeutet der Sabbat, die Notwendigkeit anzuerkennen, daß man sich ausruhen und im eigenen Leben Zeiten der Ruhe haben muß. Sabbat bedeutet Ruhe, die Frieden in das Innenleben bringt. Genauso wie Jesus den Sturm beruhigte oder das Wesen des von Dämonen Besessenen in Ordnung brachte, eine hoffnungslos kranke Frau heilte oder einen toten Freund zum Leben erweckte, so versucht er auch, Ruhe in das aufgewühlte Innenleben des Menschen zu bringen, der die ganze Woche hindurch dem Alltagsstreß ausgesetzt ist. Die Bedingung dafür ist aber, daß wir diesen Frieden als Geschenk annehmen und uns Zeit einräumen, dieses Geschenk zu empfangen.

Lange Zeit hatten meine Frau und ich als Pfarrer den Sonntag nicht als Sabbat empfunden. Ich mußte erst einmal in meinem Christsein erwachsen werden, um zu erkennen, daß ich mich selbst einer notwendigen Form des Wiederaufbaus beraubt hatte. Tatsache war, daß ich so etwas wie einen Sabbat für meine Verborgene Welt brauchte, den ich aber nicht bekam. Wenn ich meine Sonntage anschaute, schien es unmöglich, daß ich jemals wieder das verjüngende Geschenk eines Sabbats empfangen könnte. Wie könnte ich denn dreimal am Sonntagmorgen und einmal abends predigen, außerdem noch den ganzen Tag lang den Menschen in der Kirche zur Verfügung stehen und dann noch erwarten, neue Kraft zu empfangen? Es verging kaum ein Sonntag, an dem Gail und ich nicht am Rande der Erschöpfung gewesen wären. Das waren vielleicht Ruhetage!

Was sollten wir tun? Vor einigen Jahren war die Grace-Chapel-Kirche so freundlich, mir eine viermonatige Sabbatruhe zu schenken. Anstatt an eine Universität zum Studieren zu gehen, zog ich es vor, mich nach New Hampshire zurückzuziehen, wo wir Peace Ledge aufbauten. Die hervorragende Erfahrung dieser vier Monate war die Stille und der Frieden, die wir an Sonntagen entdeckten.

Obwohl mir der Aufbau von Peace Ledge riesigen Spaß bereitete, versprach ich, am Tag des Herrn nicht zu arbeiten. Wenn dann der Sonntag kam, verbrachten wir einige frühe Morgenstunden mit Lesen, Besinnung und Beten. Dann gingen wir in eine der lokalen Kirchen, wo wir anbeten konnten. Wir kannten nur wenige Menschen dort, versuchten aber, uns in den Gottesdienst hineinzugeben und aus den Gebeten, den Liedern und der Predigt Nahrung für unser geistliches Wachstum zu bekommen. Wir machten daraus eine Zeit, unsere Hingabe zu festigen, Gott für Segnungen zu danken und uns auf die kommende Woche vorzubereiten, in der wir versuchen würden, die Ehre des Herrn widerzuspiegeln.

Während dieser vier Monate waren die Sonntagnachmittage stille Stunden, in denen wir in den Wäldern spazierengingen, tiefe Gespräche hatten und unseren geistlichen Stand und die geistliche Entwicklung überprüften. Es war eine wundervolle, ruhige Sabbaterfahrung. Ich hatte so etwas nie zuvor erlebt.

Als wir vier Monate später wieder nach Hause zurückkehrten, schrieben wir den Sabbat sehr groß. Aber plötzlich waren wir schon wieder mitten in den Predigten, der Seelsorge und den Programmen: ein Sonntag wie gehabt! Wir fühlten uns betrogen. Deshalb entschieden wir uns, den Sabbat an einem Wochentag zu feiern. Wir wollten nicht Gottes Geschenk auslassen! Am Sonntag würden wir versuchen, anderen zu helfen, ihren Sabbat froh zu feiern, aber der Frieden, der normalerweise an diesem Tag auch für uns reserviert wäre, würde auf einen anderen Tag verschoben werden, und das war dann gut so.

Für Gail und mich wurde der Donnerstag zum Sabbat. Damit wir dem auch nachkommen konnten, reservierten wir uns diesen Wochentag, um Ruhe in unsere Verborgene Welt zu bekommen. Wann immer möglich, waren wir am Donnerstag für unsere Gemeinde nicht zu sprechen und ließen die Routinearbeiten im Haushalt liegen. Wir lernten, daß das für unsere Mitarbeiter, die Kinder und für die Gemeinde nur von Nutzen ist, und daß wir uns diese Möglichkeit geistlichen Aufbaus nicht entgehen lassen dürfen.

Das hat nichts mit Gesetzlichkeit zu tun. Es geht eher um die Freiheit, ein Geschenk anzunehmen. Offen gesagt glaube ich, daß manche sich die Freude am Sabbat genommen haben, so wie es die Pharisäer taten, indem sie ihn mit Vorschriften, Gesetzen und anderem anfüllten. Das bedeutet Sabbat für uns jedoch nicht. Unser Sabbat wurde für uns geschaffen und uns von Gott gegeben. Er ist da, um Gott anzubeten und Kraft zu schöpfen, und dem wollen wir unbedingt nachkommen, koste es, was es wolle.

Ich muß zugeben, daß wir der Sabbatruhe vermutlich nicht so leicht hätten nachkommen können, als unsere Kinder noch klein waren und mehr Aufmerksamkeit benötigten. Gail sagt oft ganz richtig, daß wir unseren Gemeindegliedern einen Gefallen tun, wenn wir uns von ihnen zurückziehen, um uns auszuruhen. Wenn wir nämlich wiederkommen, haben wir etwas anzubieten, was Gott uns in einer anderen Atmosphäre nicht hätte geben können.

Natürlich konnte nicht jeder Donnerstag für den Sabbat freigehalten werden. Wir entdeckten aber, daß unser Versuch, diese Sabbatruhe regelmäßig einzuhalten, mit guten Ergebnissen belohnt wurde. Unsere Verborgene Welt wurde tatsächlich von Grund auf neu geordnet. Am meisten verblüffte mich, daß ich mich nicht nur ausgeruht fühlte, sondern auch andere Wochentage viel effektiver gestalten konnte.

Ich staunte: Durch diese friedvolle Ordnung in meiner Verborgenen Welt, die ich durch das Respektieren des Sabbats erhielt, war ich fähig, alles um mich herum in den folgenden Tagen mit viel größerer Weisheit und Entscheidungskraft zu ordnen.

Ich denke, daß man sich die Sabbatruhe auch an einem Wochentag nehmen kann. Wenn wir eine oder mehrere Stunden für ein intimes Treffen mit Gott einplanen, kann das jederzeit passieren. Jeder von uns braucht so einen »Simeons-Weg«.

Ich möchte noch einmal kurz betonen, daß diese sabbatähnliche Ruhe einen festen Platz in unserer Zeitplanung einnehmen sollte. Wir ruhen uns nicht aus, weil wir die Arbeit getan haben, sondern weil es ein Befehl Gottes ist und er uns so schuf, daß wir Ruhe brauchen.

Darüber müssen wir unbedingt nachdenken, denn die aktuelle Sichtweise von Ruhe und Freizeit leugnet dieses Prinzip. Die meisten von uns denken, daß wir erst ruhen können, *nachdem* unsere Arbeit getan ist. Aber Sabbat ist nicht etwas, was man danach hält. Er sollte, im Gegenteil, *als erstes* angestrebt werden. Nehmen wir einmal an, daß das Ausruhen nur nach getaner Arbeit kommt. Das würde bereits viele von uns ins Schleudern bringen, denn wir haben zum Teil Berufe, in denen die Arbeit niemals fertig wird. Das ist teilweise auch der Grund dafür, daß sich viele von uns so wenig ausruhen. Weil wir mit unserer Arbeit niemals fertig werden, denken wir nicht daran, uns für den Sabbat Zeit zu nehmen, der uns Frieden und neue Kraft schenkt.

Ich mußte es erst lernen, mich dieser Sabbatruhe ohne Schuldgefühle hinzugeben. Ich mußte erst einmal erkennen, daß ich nicht falsch handle, wenn ich andere Arbeit beiseite schiebe, um Gottes Geschenk vorzuziehen: nämlich Zeit allein mit ihm zu verbringen. So sind diese Sabbate ein regelmäßiger Bestandteil unseres Kalenders geworden. Sie werden Wochen im voraus geplant, genauso wie andere Prioritäten, und wenn jemand ein Abendessen, den Besuch einer Sportveranstaltung oder ein Komiteetreffen für einen Tag vorschlägt, der eigentlich für das Aufräumen unserer Verborgenen Welt geplant war, sagen meine Frau und ich einfach: »Leider haben wir bereits eine Verabredung an diesem Tag, wir halten da unseren Sabbat.«

Solche Disziplin versetzte William Wilberforce in die Lage, den Ehrgeiz zu überwinden, der seine Verborgene Welt viele Tage lang lahmgelegt hatte. Als er endlich zu diesem Ruhetag kam, kehrte er auch wieder in das

Zentrum zurück, wo Gott vollständige Kontrolle ausüben konnte. Er sah die Dinge wieder in ihrer richtigen Dimension. »Mein Ehrgeiz schrumpft«, schrieb er.

Man fragt sich, was wohl passiert wäre, wenn Wilberforce nicht immer wieder diese »Sabbatzurückgezogenheit« und Ausgeglichenheit gehabt hätte, um seine ehrgeizige Natur zu bändigen. Wäre er von seiner Berufung, England aus der Sklaverei zu befreien, abgehalten worden? Vermutlich. Ich glaube, daß er durch die Berücksichtigung des Sabbats jedes Abweichen von seinem anfänglichen Vorhaben ausmachen und rechtzeitig wieder den richtigen Weg einschlagen konnte. Nur weil er wieder auf diesen Weg zurückkam, konnte er die bahnbrechende Abschaffung überhaupt vertreten.

Die Welt ebenso wie die Kirche brauchen wirklich *ausgeruhte* Christen; Christen, die regelmäßig neue Kraft schöpfen durch echte Sabbatruhe und nicht nur durch Freizeit oder Pause. Wenn man zu dieser göttlichen Ruhe gekommen ist, wird man entdecken, wie zäh und spannungsvoll Christen wirklich sein können.

NACHWORT: DAS SPINNRAD

Einer der gefeierten Helden unseres Jahrhunderts war Mahatma Gandhi, jener indische Führer, der für sein Land die Flamme der Unabhängigkeit entfachte. Diejenigen, die seine Biographien gelesen oder den ausgezeichneten Film über ihn gesehen haben, waren oft von dem Geist der Ruhe begeistert, den »Indiens George Washington« verbreitete.

Gemütsruhe, Gelassenheit? Wir sehen Gandhi unter den Menschen, die in den indischen Städten am meisten von der Armut betroffen sind, wo Tod und Krankheit regieren. Er rührt sie an, bietet ihnen ein Wort der Hoffnung und ein freundliches Lächeln. Aber einen Tag später findet man denselben Mann in Palästen und Regierungsgebäuden, wo er mit den intelligentesten Männern seines Alters verhandelt. Da taucht die Frage auf: Wie konnte er diese Spannung zwischen den zwei Extremen von Menschen und Umständen ertragen?

Wie konnte Gandhi seinen privaten Ordnungssinn aufrechterhalten, seine ihm eigene Demut, Weisheit und Entscheidungskraft? Wie vermied er es, seine Identität und Überzeugung zu verlieren, wenn er sich zwischen diesen enormen Extremen bewegte? Woher kam die emotionelle und geistliche Kraft?

Vielleicht liegt der Ansatz einer Antwort auf diese Fragen in Gandhis Faszination durch ein einfaches Spinnrad. Das Rad scheint immer das Zentrum seines Lebens gewesen zu sein. Es sieht so aus, als ob Gandhi oft von seinen öffentlichen Auftritten in seine bescheidenen Zimmer zurückgekehrt ist, wo er in indischer Kleidung auf dem Boden saß und ganz einfach Wolle spann, aus der dann seine Kleider gemacht wurden.

Aus welchem Grund tat er das? Wollte er sich damit ein eigenes Image aufbauen? War es lediglich ein politischer Schachzug, um sich mit den Menschen zu identifizieren, ein Versuch, ihre Loyalität aufrechtzuerhalten? Ich denke, daß dahinter viel, viel mehr steckte.

Gandhis Spinnrad war das Zentrum der Schwerkraft in seinem Leben. In ihm fand er Ausgleich. Wenn er von seinen großen Auftritten in der Öffentlichkeit zurückkehrte, rückte ihm die Erfahrung mit seinem Spinnrad die Maßstäbe wieder zurecht, so daß er nicht mit falschem Stolz erfüllt wurde, weil ihm der Beifall des ganzen Volkes zu Kopf gestiegen wäre. Wenn er sich von den Besprechungen mit Königen und Regierungspräsidenten zurückzog, wenn er wieder an sein Spinnrad zurückkehrte, war er nicht versucht, sich groß vorzukommen.

Das Spinnrad erinnerte Gandhi immer daran, wer er war und wozu die praktischen Dinge im Leben eigentlich dienten. Indem er diese regelmäßige Übung machte, widerstand er allen Mächten der Welt um ihn herum, die versuchten, ihn von seinem eigentlichen Ich abzuziehen.

Gandhi war keinesfalls Christ, aber was er am Spinnrad tat, ist eine unerläßliche Lektion für jeden gesunden Christen. Sie zeigt uns, was jeder Mann und jede Frau tun müssen, die sich in der Öffentlichkeit bewegen wollen, ohne dabei in deren Formen gepreßt zu werden. Auch wir brauchen diese Erfahrung des Spinnrads — das Ordnen unserer Verborgenen Welt, so daß immer wieder ein neuer Aufbau von Stärke und Lebendigkeit gewährleistet ist.

Wie Thomas Kelly sagt: »Wir wollen immer mehrere Persönlichkeiten auf einmal darstellen, ohne daß diese Persönlichkeiten durch ein einziges prägendes Leben in uns bestimmt werden.« Und er fährt fort: »Das Leben ist dazu bestimmt, von dem göttlichen Zentrum aus gelebt zu werden. Jeder von uns kann solch ein Leben in erstaunlicher Kraft, in Frieden und Gelassenheit führen, in Einordnung und Vertrauen und vereinfachter Vielfalt — unter einer Bedingung: *wenn wir es wirklich wollen.*«

Das ist die Voraussetzung, der wir uns letztendlich unterwerfen müssen: Wollen wir wirklich Ordnung in unsere Verborgene Welt bringen? Ich frage erneut: *Wollen wir es?*

Wenn es stimmt, daß Taten mehr sagen als Worte, dann würde deutlich, daß der Durchschnittschrist der Ordnung seiner Verborgenen Welt in Wirklichkeit einen hohen Stellenwert beimißt. Es würde deutlich, daß wir unsere menschliche Effektivität eher in Geschäftigkeit, krampfhafter Terminplanung, Anhäufung von materiellen Werten und dem Hin- und Hereilen zwischen verschiedenen Konferenzen, Seminaren, Filmreihen und berühmten Rednern finden wollten.

Kurz gesagt versuchen wir, Ordnung in unsere Verborgene Welt zu bekommen, indem wir Aktivität um uns herum verbreiten. Das ist genau das Gegenteil von dem, was die Bibel uns lehrt, was uns die großen Heiligen gezeigt haben und was unsere bedrückenden geistlichen Erfahrungen uns regelmäßig beweisen.

John Wesley soll über sein Leben in der Öffentlichkeit gesagt haben: »Obwohl ich immer in Eile bin, bin ich niemals in Hetze, weil ich nur soviel Arbeit auf mich lade, wie ich ruhigen Herzens bewältigen kann.«

Einer meiner engen Mitarbeiter im Dienst, Bob Ludwig, ist ein Hobby-Astronom. Von Zeit zu Zeit verbringt er einen Abend auf dem Land, wo

er sein Teleskop in den Nachthimmel richten kann. Er muß die Stadt verlassen, um all dem störenden Licht zu entkommen. Wenn er erst einmal alles hinter sich gelassen hat, wird das Himmelsbild viel klarer.

Wie entkommen wir derartigen Störungen, um in den Innenraum unserer Verborgenen Welt sehen zu können? Diese Frage bleibt im Leben vieler Menschen unbeantwortet. Männer und Frauen, die sich zu viel Leitungsfunktionen in großen Organisationen und Gemeinden aufladen, sind unfähig, diese Frage selbst zu beantworten. Einfache Menschen, die sich anstrengen, ihren Lebensunterhalt zu verdienen und mit den Nachbarn mitzuhalten, ringen mit dieser Frage. Es gibt keine leichte Antwort darauf — lediglich eine einfache. Wir können uns nur dann in diesen Raum der Verborgenen Welt zurückziehen, wenn wir uns dazu entschließen, diese Aktivität als die allerwichtigste anzusehen.

Obwohl ich immer an die Priorität, mein Innenleben zu ordnen, geglaubt hatte, wurde es für mich erst zur Realität, als ich in die mittleren Jahre kam. Jetzt werden mir meine Grenzen, meine Schwächen und auch das Näherrücken des Tages, an dem mein Leben ein Ende haben wird, immer deutlicher. Das macht es mir einfacher, in mich zu schauen und diese Spinnraderfahrung zu kultivieren, so daß mir innere Kraft und geistliche Vitalität eine Quelle werden können.

An dieser zentralen Stelle beginnen wir, Jesus Christus in seiner ganzen Majestät zu entdecken. Dort ist er mehr als das, was einige festgefahrene Behauptungen über ihn sagen. Er ist mehr als die verschwommenen Beschreibungen einiger zeitgenössischer Lieder. Im Zentrum fordert er unsere Aufmerksamkeit als der auferstandene Herr des Lebens, und es treibt uns, ihm nachzufolgen und von der Stärke seines Charakters und Erbarmens zu schöpfen.

Im Zentrum sind wir total überwältigt von dem Glanz und der Majestät Gottes als dem himmlischen Vater. Dort herrscht Stille, aber frohe Anbetung. Es kommt zum Bekennen und Zerbrechen. Und dort gibt es Vergebung, Wiederherstellung und Bestätigung.

Schließlich werden wir im Zentrum mit der Macht und Kraft des Heiligen Geistes gefüllt. Dort leben Vertrauen und Erwartung auf. Wir bekommen Einblick und Weisheit. Ein Glaube, der Berge versetzt, blüht auf, und eine Liebe für andere, sogar für die Unliebsamen, beginnt zu wachsen.

Wenn wir von einer »Spinnrad-Erfahrung« kommen, mit neuem Gefühl für unsere eigentliche Größe und unseren Wert, dann können die äußeren Umstände bewältigt oder wirklich angerührt werden. Familienbeziehungen und solche zu Freunden, Geschäftsleuten und Nachbarn und sogar zu Feinden bekommen eine neue und viel gesündere Perspektive. Es wird uns möglich, zu vergeben, zu dienen, nicht nach Rache zu suchen, großzügig zu sein.

Unsere Arbeit wird eine neue Bedeutung und ein höheres Maß an Effektivität gewinnen. Integrität und Ehrlichkeit werden zu wichtigen Zielen. Wir werden Furcht verlieren und Erbarmen gewinnen.

Wenn wir von unserem Spinnrad kommen, werden wir vermutlich weniger von den falschen Versprechungen verführt, mit denen andere versuchen, unsere Seele zu fangen.

All das und noch mehr kommt in Bewegung, wenn die Verborgene Welt schon geordnet ist, *bevor* der Christ an die Öffentlichkeit tritt.

Tun wir das nicht, setzen wir uns sofort dem »Aushöhlungs-Syndrom« aus, und in der Geschichte gibt es viele, viele Beispiele von Menschen, die die Konsequenzen davon tragen mußten.

Heutzutage schreit unsere Umgebung nach guten Menschen, die sich in der Masse bewegen und mit den Mächtigen verhandeln können, sich aber trotzdem nicht verändern, nicht aufgeben und keine falschen Kompromisse schließen.

Wie werden Sie damit umgehen können? Indem Sie die Erfahrung am Spinnrad machen, das Zurückziehen in das ruhige Zentrum, wo Zeit durch Prioritäten geordnet, der Geist eingestimmt werden kann, um Gottes Schöpfung zu entdecken, wo er geschärft wird und wo die Stille der Sabbatruhe herrscht. Das ist die Verborgene Welt. Wenn wir ihr genügend Aufmerksamkeit schenken, wird sie in Ordnung kommen.

ANMERKUNGEN

Vorwort

1 Lettie B. Cowman, *Charles E. Cowman* (Los Angeles: Oriental Missionary Society, 1928), S. 175

Kapitel 1

1 William Barclay, *The Letters to the Galatians and Ephesians* (Philadelphia: Westminster, 1976), S. 100
2 Anne Morrow Lindbergh: *The Gift from the Sea* (New York: Pantheon, 1955), S. 23—24
3 Dorothie Bobbe, *Abigail Adams* (New York: Putnam, 1966), S. 206

Kapitel 2

1 »Executive's Crisis«, *Wall Street Journal,* 12. März 1982, S. 1
2 James Buchan, *The Indomitable Mary Slessor* (New York, Seabury, 1981), S. 86

Kapitel 3

1 »Stress: Can We Cope?« *Time*, 6. Juni 1983, S. 48—54
2 Zitiert in J. Oswald Sanders, *Spiritual Leadership* (Chicago: Moody, 1967), S. 23

Kapitel 5

1 Frank W. Boreham, *A Casket of Cameos* (1924: Reprint, Valley Forge, Pa.: Judson, 1950), S. 266
2 Herbert Butterfield, *Christianity and History* (New York: Charles Scribner's Sons, 1949), S. 115

Kapitel 6

1 William Barclay, *The Gospel of Matthew* (Philadelphia: Westminster, 1975), S. 280

Kapitel 7

1 Elton Trueblood, *While It Is Yet Day* (New York: Harper & Row, 1974), S. 67
2 Harold Begbie, *Life of General William Booth* (New York, Macmillan, 1920), S. 178
3 C. S. Lewis, *Letters to an American Lady* (Grand Rapids: Eerdmans, 1975), S. 53

Kapitel 8

1 Elton Trueblood, *While It Is Yet Day* (New York: Harper & Row, 1974), S. 97—98
2 E. Stanley Jones, *Song of Ascents* (Nashville: Abingdon, 1968), S. 189
3 Norman Polmar und Thomas B. Allen, *Rickover: Controversy and Genius* (New York: Simon & Schuster, 1982), S. 267
4 Harry A. Blamires, *The Christian Mind* (Ann Arbor: Servant, 1978)

Kapitel 10

1 Howard Rutledge and Phyllis Rutledge with Mel White and Lyla White, *In the Presence of Mine Enemies* (Old Tappan, N. Y.: Fleming Revell, 1973), S. 34
2 Brother Lawrence, *The Practice of the Presence of God,* trans. E. M. Blaiklock (Nashville: Thomas Nelson, 1982)
3 Zitiert in Richard Foster, *Freedom of Simplicity* (New York: Harper & Row, 1981), S. 78

Kapitel 11

1 E. Stanley Jones, *The Divine Yes* (Nashville: Abingdon, 1975), S. 63
2 Malcolm Muggeridge, *Something Beautiful for God* (Garden City, New York: Image, 1977), S. 48
3 Henry J. M. Nouwen, *The Way of the Heart* (New York: Seabury, 1981), S. 39
4 Wayne E. Oates, *Nurturing Silence in a Noisy Heart* (Garden City, N. Y.: Doubleday, 1979), S. 3
5 Paul Sangster, *Doctor Sangster* (New York, Epworth, 1962), S. 109

Kapitel 12

1 E. Stanley Jones, *Song of Ascents* (Nashville: Abingdon, 1968), S. 104
2 Clarence W. Hall, *Samuel Logan Brengle: Portrait of a Prophet* (Chicago: Salvation Army Supply & Purchasing Dept., 1933), S. 185
3 John Baillie, *A Diary of Private Prayer* (New York: Charles Scribner's Sons, 1949), S. 27
4 C. S. Lewis, *Letters to an American Lady* (Grand Rapids: Eerdmans 1975), S. 73

Kapitel 13

1 E. Herman, *Creative Prayer* (Cincinnati, Forward Movement, n.d.), S. 16
2 Thomas R. Kelly, *A Testament of Devotion* (New York: Harper & Row, 1941), S. 39
3 Brother Lawrence, *The Practice of the Presence of God*, trans. E.M. Blaiklock (Nashville, Thomas Nelson, 1982), S. 70
4 Henri J. M. Nouwen, *Clowning in Rome* (Garden City, N. Y.: Image, 1979), S. 73
5 Kelly, S. 54
6 C. W. Hall, *Samuel Logan Brengle: Portrait of a Prophet* (Chicago: Salvation Army Supply & Purchasing Dept., 1933) S. 237
7 E. Stanley Jones, *Songs of Ascents* (Nashville Abingdon, 1968), S. 337
8 C. W. Hall, *Portrait of a Prophet,* S. 185
9 Sally Magnusson, *The Flying Scotsman* (New York: Quartet Books, 1981), S. 165

Kapitel 14

1 Garth Lean, *God's Politician* (London: Darton, Longman & Todd, 1980), S. 89
2 Brother Lawrence, *The Practice of the Presence of God,* trans. E. M. Blaiklock (Nashville: Thomas Nelson, 1982), S. 85
3 Abraham Heschel, *The Earth is the Lord's and The Sabbath* (two books published as one, New York: Harper Torchbooks, 1966), S. 10
4 Hugh Evan Hopkins, *Charles Simeon of Cambridge* (Grand Rapids: Eerdmans, 1977), S. 155—156